编委会

赵恒伯

蒲守智 —— 丛书主编

段建斌◎主编

豫章师范学院
百年校史十讲

江西人民出版社
Jiangxi People's Publishing House
全国百佳出版社

图书在版编目（CIP）数据

豫章师范学院百年校史十讲 / 段建斌主编 . -- 南昌：
江西人民出版社，2025. 1. --（百年校史文化育人丛书 /
赵恒伯，蒲守智主编）. -- ISBN 978-7-210-16029-8

Ⅰ. G659.285.61

中国国家版本馆 CIP 数据核字第 20251C49W7 号

豫章师范学院百年校史十讲
YUZHANG SHIFAN XUEYUAN BAINIAN XIAOSHI SHI JIANG

段建斌　主编

策　　　划：王一木
责 任 编 辑：饶　芬
封 面 设 计：游　珑

江西人民出版社
Jiangxi People's Publishing House
全国百佳出版社　出版发行

地　　　址：江西省南昌市三经路 47 号附 1 号（邮编：330006）
网　　　址：www.jxpph.com
电 子 信 箱：jxpph@tom.com
编辑部电话：0791-86898873
发行部电话：0791-86898815
承　印　厂：湖北金港彩印有限公司
经　　　销：各地新华书店

开　　　本：710 毫米 ×1000 毫米　1/16
印　　　张：14.25
字　　　数：190 千字
版　　　次：2025 年 1 月第 1 版
印　　　次：2025 年 1 月第 1 次印刷
书　　　号：ISBN 978-7-210-16029-8
定　　　价：88.00 元
赣版权登字 -01-2025-6

前　言

习近平总书记强调，要用好红色资源，讲好红色故事，搞好红色教育，让红色基因代代相传。豫章师范学院创始于 1908 年，前身为江西女子师范学堂，是江西师范教育的源头之一。学校的变迁发展几乎与中国师范教育的百年历史相伴始终，且学校具有丰富的红色文化资源。新时代，豫章师范学院党委坚持把立德树人根本任务放在首位，充分发挥学校红色资源的独特优势，深入开展红色场馆育人、红色课程育人、红色学术育人、红色实践育人、红色活动育人，把红色文化运用好、把大思政课抓好，积极推动红色基因传承以及红色校史培根铸魂。

豫章师范学院 116 年的办学史上涌现了大批优秀人才，他们在政治、经济、文化、教育、艺术、军事等领域为国家和社会作出了卓越贡献。新民主主义革命时期，学校一大批校友投身民族独立、人民解放伟大事业，谱写了光辉篇章。在党团组织建立、工人运动、农民运动、学生运动以及抗日战争、解放战争、抗美援朝中，我们都能看到许许多多的校友身影。其中，有很多校友为革命事业献出了宝贵的生命，他们中的许多人，大家都耳熟能详——刘和珍、陈赞贤、冯任、王经燕、欧阳洛、邹努、罗石冰等。有籍可考的，仅江西省立第一师范学校（豫章师范学院前身之一）

1921 级就有著名烈士 8 人，占了本年级学生数的 1/4。也有在不同战线岗位上为国家和人民奉献了一生的优秀校友，如陈鹤琴、傅抱石、喻宜萱、曾炯、王弼、周峰、李毓昌等。过往校友的事迹感人至深，那种为了理想信念勇于探索真理的革命意志、为了国家强盛民族复兴舍小家顾大家的献身精神，孕育出了豫章师范学院延绵不断的红色血脉，深刻影响了几代学子，构成了学校百年来凝心聚力谋发展的光荣传统。

新时代，学校面临育时代新人、引导青年学子立报国强国大志向这一重大任务。怎样把学校红色资源利用好、把红色传统发扬好、把红色基因传承好，是当代豫章师院人的历史责任，更是落实立德树人的历史担当。豫章师范学院发展至今，校友 20 万有余，星河灿烂，摘其一二，光芒仍灼。我们希望，通过遴选校友英雄事迹和典型案例，以"十讲"的形式，以点带面地把豫章师范学院百年红色校史较完整地呈现给当代青年学子，并希望以此予以我们豫章学子感悟启迪，使其深刻认识红色政权来之不易、新中国来之不易、中国特色社会主义来之不易、今天的幸福生活来之不易，同时对中国共产党"为人民谋幸福，为民族谋复兴"的初心和使命，有更深入、更全面、更生动、更形象的认识。

可以说，这本书是豫章师范学院百年发展史的缩影。同时，编者希望红色校友事迹进教材、进课堂、进头脑，通过讲述那些可歌可泣的红色故事来达到春风化雨、润物无声的育人效果——这也是编撰本书希冀实现的价值目标。

编者

2024 年 6 月 25 日

目　录

豫章师范学院百年校史十讲

总论：百年校史蕴红色基因　血脉赓续报家国情怀

　　党的十八大以来，以习近平同志为核心的党中央高度重视红色文化的传承、弘扬和传播工作。习近平总书记在多个重要场合指出要"把红色资源利用好、把红色传统发扬好、把红色基因传承好"①，强调"革命传统教育要从娃娃抓起，既注重知识灌输，又加强情感培育，使红色基因渗进血液、浸入心扉"②，"要加强校史资料的挖掘、整理和研究……激励广大师生继承优良传统，赓续红色血脉"③。2021年，教育部、国家文物局联合印发的《关于充分运用革命文物资源加强新时代高校思想政治工作的意见》（文物革发〔2021〕25号）提出要充分运用革命文物资源丰富校园红色文化，打造校园红色文化品牌项目。新时代，如何有效利用红色文化特别是校园红色文化资源铸魂育人，引领学生立报国强国大

---

① 《习近平在视察南京军区机关时强调　贯彻全军政治工作会议精神　扎实推进依法治军从严治军》，载《科技日报》2014年12月16日。
② 习近平：《用好红色资源，传承好红色基因，把红色江山世世代代传下去》，载《求是》2021年5月16日。
③ 《习近平在中国人民大学考察时强调　坚持党的领导传承红色基因扎根中国大地走出一条建设中国特色世界一流大学新路》，参见 http://politics.people.com.cn/n1/2022/0425/c1024-32408556.html。

志向，努力成为堪当强国建设、民族复兴大任的栋梁之材，已然成为一项重要的教育工程。

人才培养离不开高素质教师队伍。在教育强国时代大背景之下，强国必先强教，强教必先强师，教师队伍建设是教育强国重要的基础工作。高等教育领域中的师范院校承担着培养未来人民教师的重大战略任务，在赓续红色血脉、利用红色文化强化师德培育方面要走前列、做表率。豫章师范学院作为一所有百年办学历史的地方师范院校，在其发展历程中不断探索利用自身丰富厚重校史、红色文化底蕴培育师范人才的新途径、新方法、新模式，在中国师范教育史上增添了浓墨重彩的一笔。

（一）百年办学筚路蓝缕，传承师范创奠基业

豫章师范学院是江西省师范教育发展史上的第一所师范学校，其前身为 1908 年创建的江西女子师范学堂、1914 年成立的江西省立第一师范学校和 1928 年成立的江西省立乡村师范学校。几经变迁，1947 年江西省立乡村师范学校、江西省立劳作师范学校、江西省立社教师范学校、江西省立武宁师范学校（前身为江西省立第一师范学校）合并为江西省立南昌师范学校，同年江西省立幼稚师范学校（陈鹤琴创办）并入省立南昌女子师范学校。1949 年江西省立南昌师范学校和江西省立南昌女子师范学校合并为南昌师范学校。2000 年南昌幼儿师范学校并入南昌师范学校。2004 年，南昌师范学校升格为南昌师范高等专科学校，结束了学校中专办学层次的历史。2005 年，南昌第二师范学校并入南昌师范高等专科学校。2017 年 5 月，经教育部批准升格为本科院校，更名为豫章师范学院。这是学校发展史上又一个新的里程碑。2017 年 12 月，南昌教育学院并入豫章师范学院，扩大了学校办学规模，提升了办学实力。近几年，学校步入了以内涵质量

提升为中心的发展阶段，正朝着建成特色鲜明、优势突出，省内有地位、国内有影响的应用型普通本科师范院校迈进。

纵观豫章师范学院116年的办学历程，始于师范、长于师范、致于师范、兴于师范，经历了战乱中的顽强坚守（抗战期间学校分别迁址到江西武宁、遂川等地办学）、动乱中的坚韧不屈（"文化大革命"期间学校历经关停、变更，几度迁址到江西新建县郊等地办学）和改革开放后的接续重生与创新发展。学校百余年来虽一路坎坷曲折多磨，但一直坚守师范人才培养主业主责，致力于服务基础教育事业和国民素质提升大业而从未间断放弃。可以说，学校从诞生伊始延绵至今，几乎与中国师范教育的百年历史相伴始终，她的发展历程已深深打上了独特的时代烙印，具有鲜明的师范品性。

（二）先驱校友秉持初心，赴身只为家国情深

豫章师范学院116年的办学历史上涌现出了大批优秀人才，他们在教育、政治、文化、经济、国防等领域为国家和社会发展作出了杰出贡献。有许多校友为争取民族独立、人民解放和实现国家富强、人民幸福前赴后继甚而献出宝贵生命，如我们耳熟能详的刘和珍（鲁迅笔下的"真的猛士"）、陈赞贤（中共早期工人运动领袖之一）、冯任（中共江西省委第一任秘书长，最早提出"怎样做个好共产党员"）、王经燕（中共江西省委组织部首任女部长）等近40名革命先烈。有籍可考的，仅省立第一师范学校1921级就有著名烈士8人，占了本年级人数的1/4。也有很多先辈校友，虽然历经挫折和苦难，却始终初心不改，在各条战线上作出了重要贡献，如傅抱石（国画大师）、喻宜萱（新中国声乐教育奠基者）、曾炯（中国抽象代数之父）等一大批具有爱国情怀的杰出校友。他们身上集中展现出了

为国为民探索真理的革命追求、守定初心执着信念的革命理想、牢记使命不懈奋斗的革命担当、坚韧不拔始终如一的革命意志、敢于斗争不怕牺牲的革命勇气。先辈校友事迹感人至深，给予后人无尽启迪。一代代杰出校友接棒献身家国的情怀，以及由此孕育的红色基因，成为学校全体师生凝心聚力、攻坚克难、接续发展的光荣传统和源源不竭的精神动力。

可以说，学校一百多年的办学发展史就是历代优秀校友矢志不渝守初心、执着坚定担使命、坚持不懈育良师的奋斗史。百余年的校史蕴藏着强大的精神文化力量和得天独厚的红色基因，承载了厚重的时代育人价值。学校升本以来，通过营造红色铸魂育人主氛围，筑强"党建＋团学＋社团"红色平台、筑牢"教材＋课程＋课堂"红色高地、打造"道路＋场馆＋楼舍"红色场域、强化"寻访＋走读＋研学"红色实践、推进"文创＋主题＋品牌"红色活动，豫章师范学院成了一个无形的红色文化育人场所，学生浸润其中健康成长成才。

（三）赓续基因培育英才，教育强国堪当重任

高校深入挖掘红色文化的育人内涵，传承和发展红色文化，有利于大学生坚定理想信念、厚植家国情怀，对培养新时代社会主义建设者和接班人具有重要意义。豫章师范学院百年红色校史凝结着历代先贤坚定教育初心使命、坚守教育理想信念，百折不挠、艰苦奋斗、执着育人育才的精神品格，具有独特的育人功能，是新时代培养"四有"好老师的重要教育资源。基于此，学校提出用好、用活、用足红色校史资源，充分发挥超越时空的感召力、说服力和引导力，大力彰显其独特的育人价值和时代价值，促进一代代师范学子赓续红色血脉、传承红烛精神，使他们成长为高素质的红色师范人才。

百年赓续中，特别是新中国成立以来，学校坚持"红色引领、文化浸润、楷模示范、实践体悟"育人传统，紧扣立德树人和培育新时代"四有"好老师的根本任务，把校史写进校园、把校友当作教材、把校园变成课堂，探索出一条以百年红色校史铸魂育人的创新之路。学校经过实践，取得了明显成效，培养了一大批下得去、留得住、教得好的优秀教师。办校以来，学校累计培养本科、专科、中师、成人教育等各类学生 20 余万人，涌现出一大批全国优秀教师、全国模范教师、全国特色教育先进个人、全国优秀教育工作者、全国教书育人楷模、全国优秀少先队辅导员、全国巾帼建功标兵、全国五一劳动奖章获得者、宋庆龄幼儿教育奖获得者等，为地方经济社会发展特别是教育事业的发展作出了重要贡献。据不完全统计，南昌市 70% 以上的小学校长、副校长以及 80% 以上的幼儿园园长毕业于豫章师范学院。

新时代，豫章师范学院面对建设教育强国、培养担当民族复兴大任的时代新人的战略任务，有必要把加强教师队伍建设作为建设教育强国重要的基础工作来抓，所谓强教必先强师。加强师德师风建设就是强师工程的重要一环，豫章师范学院利用百年校史和红色基因引导广大学子坚定理想信念、陶冶道德情操、涵养扎实学识、勤修仁爱之心，树立"躬耕教坛、强国有我"的志向和抱负，从而做到坚守三尺讲台，潜心教书育人，自觉为实现中华民族伟大复兴而奋斗。

启蒙救亡立潮头：鲁迅笔下的刘和珍

新民主主义革命时期江西的学生运动是江西青年运动及人民革命运动的重要组成部分，对江西革命发展与解放至关重要。从 1919 年的启蒙民智到 1949 年的新中国成立，在中国共产党的正确领导下，江西学生运动对中国革命产生了重要的推动作用，为江西党组织的成立和发展作出了卓越贡献，体现出中国共产党与江西青年学生之间强劲的向心力和凝聚力[①]。我校的杰出校友积极参与学生运动，其中涌现出了被鲁迅赞誉为"真的猛士"的刘和珍、"学生运动旗帜"邹努、"革命引路人"饶思诚等。

（一）新民主主义革命时期校友参与学生运动概况

1. 五四运动时期

爆发于 1919 年的五四爱国运动，是青年学生第一次以群体方式登上

---

① 邓一兰：《新民主主义革命时期江西学生运动研究》，江西师范大学硕士学位论文，2023 年。

中国政治舞台的活动，对当时的社会舆论、民众心态、外交政策乃至历史进程都产生了重大冲击和影响，因而成为中国青年运动的起点。

1919 年前后，国家正面临着诸多挑战和危机，面对国将不国的残酷现实，我校青年学生勇立潮头、抓住时机，在民族危亡的关键时刻各显本领，将挽救民族危机作为己任。他们及时声援北京学生的爱国运动，为了国家主权四处奔走，并组建学生社团、创建宣传刊物、发起声援活动等，他们纷纷加入中国社会主义青年团，共同发起并成立"马克思学说研究会""民权运动大同盟"等，以这些质朴却有力的活动唤醒了国民的爱国意识，展现出我校学生强大的政治力量。

2. 北伐战争时期

在轰轰烈烈的大革命中，"打倒列强，除军阀！"这一流行的口号，激励着广大青年踊跃投身革命洪流，积极推动废约运动和国民会议运动。1925 年 5 月，"五卅"惨案震惊了全国，各地约有 1700 万人直接参加了运动。从都市到乡村，到处响起"打倒帝国主义""废除不平等条约""打倒列强，洗雪国耻"[①]的怒吼声。在中国共产党的领导下，江西广大青年学生成了反帝运动的参与者和领导者，我校学生最先作出反应并积极参与。

1926 年北洋军阀制造"三一八"惨案，军阀用血的事实警醒了广大青年学生。我校学生刘和珍是江西学生中的优秀代表，她的爱国行为遭到北洋军阀的残忍对待，她血溅当场，生命定格在了 22 岁，与她一同牺牲的还有 47 人。我校学生听闻这样的噩耗，选择奋起抗争，组织了四五千人的大规模集会，并于会后举行游行和演讲，散发各类爱国传单，张贴各种爱国标语。

---

① 《五卅运动》编写组：《五卅运动》，上海人民出版社 1976 年版。

3. 土地革命战争时期

1927 年，国民党蒋介石集团和汪精卫集团相继叛变革命，由国共合作发动的大革命宣告失败。随着武装反抗国民党反动派第一枪的打响，中国共产党发动了一系列武装起义，我校广大共青团员和革命青年也投入新的革命浪潮之中。

1927 年 3 月 6 日，我校校友赣州总工会委员长陈赞贤因拒绝国民党解散工会、停止工人运动的要求，身中 18 弹，惨死在国民党新军阀的枪口之下，成为蒋介石下令杀害的第一位共产党员。3 月 18 日，我校学生联合其他团体数万人举行了会议。随后，他们高举着陈赞贤烈士的血衣沿街游行，向围观群众讲述陈赞贤的英勇事迹并且高呼"为烈士报仇"和"惩办凶手"[1] 等口号。他们为了给陈赞贤讨回公道，带着游街群众前往国民党江西省党部抗议，并向北伐军总司令部请愿。全国学生联合会听闻南昌学生的壮举，立即联合其他省份以及江西各县的革命团体给予支援。

1927 年 5 月 1 日，南昌学生联合会与其他各界人士召开了五一劳动节纪念示威大会，朱德等人在会上发表了演说，揭露了蒋介石叛变革命、屠杀工农的罪行，大会通过"通电国际工人准备武装暴动""通电全国民众，一致声讨屠杀工农、勾结帝国主义及军阀，背叛党国的蒋介石"[2] 等 7 条提案。可见，面对势力庞大的新军阀，我校学生及江西其他各地学生依旧不畏惧，仍然能够在第一时间投身革命。

---

① 中共江西省委党史研究室：《中共江西地方史》（第一卷），江西人民出版社 2002 年版，第 125 页。

② 中共江西省委党史研究室：《中共江西地方史》（第一卷），江西人民出版社 2002 年版，第 132 页。

4. 抗日战争时期

随着 1931 年日本侵华战争的开始，日本在中国犯下了罄竹难书的罪行，几年间，本就贫瘠的中国更为动荡飘摇，中国境内满目疮痍。1937 年 7 月 7 日，卢沟桥事变的发生唤醒了千千万万中国人民的爱国之魂，在中国共产党的领导下，全国人民响应号召，上下齐心，统一战线，开始抵抗日寇的入侵。

1937 年 7 月 17 日，南昌青年学生积极响应党中央发出的"全民族实行抗战"① 的号召，深入街头巷尾动员民众参加抗日斗争，并成立了南昌市中等以上学校抗战后援会。22 日，抗战后援会将所有捐款汇至军事委员会，以慰劳前线战士。30 日，不少学校组织成立战时服务团，共 60 多个，服务团前往战地开展服务的同时深入农村宣传抗日主张，揭露日军侵略的暴行。

5. 解放战争时期

抗日战争胜利后，由于经历了多年战争的摧残，国家早已民生凋敝、草木凋零。社会各个方面都需要很长一段时间去治愈和恢复。因此，全国人民都渴望和平，希望能够拥有一个安定的环境来治愈一切。让老百姓的生活回归正常，恢复生产经营，还学生一个平静的校园已经成为众人的共识。然而，美帝国主义及蒋介石集团逆国民意愿而行，让凋零破碎的国家再次陷入战火中。我校学生积极参加抗议美军暴行运动，反饥饿、反内战、反迫害运动，以及由地下党领导的学生运动。

———————————

① 共青团南昌市委：《南昌青年运动三十年（1919—1949）》，内部资料，1984 年版，第 37 页。

回顾新民主主义革命时期校友参与学生运动波澜壮阔的历史进程，我们可以清晰地看到，追求民族独立、人民解放始终是校友参与学生运动的主旨，坚定听党话、跟党走始终是校友参与学生运动的信念，不怕牺牲、顽强斗争始终是校友参与学生运动的精神。在血与火的考验中，我校校友前仆后继，为国家、为民族、为人民献出了年轻的生命，书写了壮丽的人生篇章。以青春之名，筑复兴之路，校友们擎起的梦想火炬，将永远激励后辈奋勇前行！

（二）青春热血只身赴难换来国强家宁

"真的猛士" 刘和珍

刘和珍

刘和珍（1904—1926），女，江西南昌人，民国时期北京学生运动领袖之一。1918 年至 1923 年就读于江西省立第一师范学校，后就读于北京女子师范大学，曾积极参加进步学生运动，带领同学们向封建势力、北洋军阀宣战，是江西和北京著名的学生领袖，1926 年在"三一八"惨案中遇害。

刘和珍出生于贫民家庭，自小养成吃苦耐劳、好学上进的品德。1918 年，她以优异成绩考入江西省立女子师范学校。时值五四运动前夕，她受到革命思潮影响，经常阅读《新青年》等进步书刊，认识到新的女性肩负着改造旧中国、旧制度的责任，积极投身反帝反封建的实践之中。五四运动爆发以后，她不顾学校的阻挠，奔走呼号，组织同学走上街头讲演，抵制日货，开始了她

豫章师范学院百年校史十讲

剪了发的刘和珍（右）与同学

的革命生涯。当时，省立女师校规森严，她与进步同学同南昌学生联合会联系，成立了女师学生自治会，学校被迫取消了不合理的校规；而带头人之一的刘和珍，则受到了"记大过"处分。

1921 年，刘和珍继续带领同学们向封建势力宣战，在江西首倡女子剪发。省立女师很快掀起剪发高潮，两三天内剪发者不下百人。学校认为她"首倡剪发，有伤风化"，勒令其退学。后经斗争，她才得以复学。同年冬，刘和珍等人在南昌发起组织了进步团体"觉社"，并主编《时代文化》月刊和《女师周刊》。

1923 年，刘和珍从江西省立女子师范学校毕业，赴北京继续求学，考入国立北京女子高等师范学校（1924 年更名为国立北京女子师范大学，以下简称"女师大"）预科，后升入女师大英语系。在女师大学习期间，她经常到北京大学旁听李大钊讲授的"社会学""女权运动史"等课程，回校后广为传播。她也是鲁迅先生作品的忠实读者，几乎通读了鲁迅先生发表的小说和文章。由于思想进步，成绩优异，善于团结同学，深受同学们的尊敬和信赖，她被大家推选为女师大学生自治会主席。

女师大校长杨荫榆由于极力维护封建礼教而引起进步师生的不满，学校爆发了一场"驱杨"运动，这就是中国妇女运动史上著名的女师大风潮。刘和珍作为女师大学生自治会主席，是这次风潮的主要组织者和参加者。

1924年11月，女师大校长杨荫榆拒绝学生提出的关于辞退不称职教员的要求，并声称要处理以刘和珍等为首的人员，引起学生强烈不满。1925年5月7日，女师大召开"五七"国耻纪念会，杨荫榆图谋主持大会，被刘和珍、许广平等人拒绝，遂恼羞成怒，决定开除刘和珍、许广平、浦振声等6人，引起学生激愤，女师大风潮愈演愈烈。刘和珍在和就读于教育系的同学张静淑交谈时表达了她的愤慨："开除我不要紧，可是杨荫榆不走，学校就不能改进。"时任北京政府教育部专门教育司司长的刘百昭曾打算派军警押送刘和珍回南昌，刘和珍听到消息后说："这事倒极有趣，押我回去，我又来，其将奈我何？"

1925年8月10日，北京政府教育部颁布命令，停办女师大，她受同学们的委托起草"驱杨"宣言，撰文揭露为杨荫榆唱赞歌的文人陈西滢的无耻行径，文辞力透纸背、有理有节。

在教育总长章士钊的授意下，刘百昭竟然派武装军警和流氓打手400余人3次打进女

在女师大读书时的刘和珍

师大，断电、断水、断炊，逼迫学生离校。刘和珍亲率队伍誓死抵抗，并通电各界："此身可死，此志不渝，苟威武之再加，决誓死以殉校。"终因寡不敌众，被拖出校门。

女师大"停办"以后，在鲁迅等著名教授的支持下，于西城宗帽胡同继续开课。刘和珍等 20 余人联名呈文，向京师地方检察厅公诉章士钊等人。当时北方革命运动风起云涌，政局动荡，段祺瑞政府要员纷纷逃离北京，章士钊也逃往天津。经过艰苦斗争，教育部被迫同意女师大仍回石驸马大街旧址复校。1925 年 11 月 30 日，女师大学生整队从宗帽胡同返校，发表复校宣言，并于 1925 年 12 月 11 日正式开课。在刘和珍的主持下，300 余人召开大会庆祝斗争胜利。

1926 年 1 月 13 日，女师大新校长到任，鲁迅代表校务维持会表示欢迎，同时也表示卸任校务维持会一职。刘和珍在这种情况下，"虑及母校前途，黯然至于泣下"。

1926 年 3 月 12 日，日本军舰驶入中国大沽口挑衅，继而纠集列强向中国政府发出最后通牒，进行无理要挟。北京各界无比愤慨，刘和珍激愤地说："外抗强权，内除国贼，非有枪不可"，"军阀不倒，教育事业就搞不好，打倒军阀后，我再当教师不迟"。

3 月 18 日上午 8 时许，林语堂教授接到刘和珍的电话，以学生自治会的名义请准停课一日。这天，刘和珍正患病，时时呕吐，她不顾病痛，进行动员和组织工作。她把标语、小旗分发给同学们，发表了简短而激昂的演说，然后高举校旗，带队出发。

女师大的学生来到天安门，国民大会尚未召开，主席台上悬挂着前一日请愿被刺伤代表的血衣。会后，中午 12 时，几千名群众开始示威游行，刘和珍担任女师大队伍的指挥。

铁狮子胡同段祺瑞政府门前的卫队荷枪实弹，如临大敌，几个士兵对手举校旗的刘和珍指指点点，把枪口对准了前来的学生。枪声响了，一场枪击案开始了。顷刻间，走在队伍前列的刘和珍身中数弹，倒在血泊之中。同去的张静淑、杨德群急扑过去救助，也被枪弹击中，倒在她的身边。这时又有军警冲过来，用棍棒猛击刘和珍。刘和珍在枪弹扫射和棍棒毒打中牺牲，年仅22岁。

鲁迅先生在参加了刘和珍的追悼会之后，奋笔写下《记念刘和珍君》一文，追忆这位"始终微笑的和蔼"的学生，

鲁迅先生作《记念刘和珍君》

歌颂"虽殒身不恤"的"中国女子的勇毅"，赞扬刘和珍是一位具有"干练坚决、百折不回"气概的"真的猛士"，是"为中国而死"的青年。文中"真的猛士敢于直面惨淡的人生，敢于正视淋漓的鲜血""沉默呵，沉默呵！不在沉默中爆发，就在沉默中灭亡"成为广为传颂的名言。

附：拓展资料 ◎

"学生运动旗帜"——邹努

邹努（1902—1927），原名邹鲁，字逸民，新干县潭丘乡脑中洲村人，1922年至1927年就读于江西省立第一师范学校。邹努是大革命时期江西青年运动的领袖，曾任江西学生联合会主席、江西学生总会主席、中共江西省立第一师范支部书记、全国学联常委兼宣传部部长、共青团河南省委书记。

邹努 6 岁就读于本村私塾，接受传统文化熏陶。13 岁，其父因积劳成疾撒手人寰，他被迫辍学从耕。沉重的生活使他很早就感受到人民的疾苦。1918 年，在乡亲们的资助下他来到新干县立高等小学念书，面对失而复得的读书机会，他十分珍惜。他博览群书，刻苦学习，历年考试门门功课优秀。在校读书期间，他不断接受新知识、新思潮的熏陶，对社会人生有了新的思考，他曾在作文中写道："人必不能自立，始有赖他人维持，故赖他人之维持而存在者，先已失其独立性，一旦维持者不予维持，便无存在之可能，而岌岌不可终日。"邹努与同乡邹作英、邹生彩等组织了"乐群学友会"，每逢寒暑假，他们就会聚在一起交流学习情况，畅谈对社会的认识。他还把方圆数十公里的各小学学友都吸引到学友会中来。五四运动爆发后，邹努邀集一批进步人士在城镇组织了包括学校师生、店员职工、手工业者、农民、爱国商人等在内的千余人的队伍在新干县城示威游行、查禁洋货。

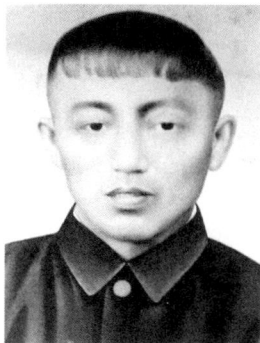

1922 年，邹努考入江西省立第一师范学校。入校不久，邹努与冯任等就组织"读书会"，和进步学生共同阅读高尔基、托尔斯泰及欧洲文艺复兴时期的进步作品，一起探讨救国救民的道路。在同学中，邹努的家境是比较贫寒的，不论春夏，他总是穿着母亲为他做的土布衣裳。没有衣服换洗，他常在晚上洗，第二天不等全干就又穿上了。频繁的社会活动和贫寒的生活，没有影响他的正常学习，他每年结业成绩总是名列前茅。他以才思敏捷、文笔精彩，富有说服力、鼓动性的演说才能，非凡的组织才干和机智果敢、任劳任怨的工作作风，赢得了同学们的尊重和信任，成了省立一师的学生领袖，并被选为省立一师学生自治会干事。他先后领导了南昌市各

邹努

校"反对开除学生"的活动，参加了方志敏领导的反对学校腐败教育等斗争。同时，他以学生会的名义举办了平民夜校，招收在校的工友和学校附近的贫民40余人，编成识字班。这个班后来有20多名学员参加了革命。

1923年1月，邹努加入中国社会主义青年团。此后，他与赵醒侬、方志敏、袁玉冰等共同发起并成立了"马克思学说研究会"。1924年3月，他又同方志敏、朱大贞等进步青年一道加入中国共产党。

8月，邹努在新干县建立了第一个社会主义青年团支部，发展了20多名进步师生和工人加入团组织。

9月，邹努当选为江西省学生联合会主席，与姜铁英负责《江西正义报》等报刊的编辑出版工作。他们以这些刊物为阵地，猛烈抨击反动势力，传播新文化和马克思主义，引导广大青年学生积极投身革命运动。由于他负责编辑的杂志内容充实、导向性强，因此深受广大读者欢迎。他在《江西青年目前的中心工作》一文中写道："我们要确信青年是时代之花，是新社会的柱石。要促进中国革命乃至世界革命的成功，只有到青年群众中去，猛烈进行新文化运动，使青年群众在思想上、行动上发生彻底的改革，然后，革命才有成功的希望。"随着革命形势的推进，九江、吉安、鄱阳等十几个县都相继成立了江西青年分会，会员发展到数千人，全省青年运动呈现一派蓬勃的生机。

1925年，"五卅"惨案发生后，邹努、赵醒侬主持召开了江西各界民众团体联席会议，成立"沪案交涉江西后援会"。6月5日，他们组织南昌市各界共3万余人冒着大雨在皇殿侧举行盛大集会和示威游行，支援上海人民的反帝斗争。9月3日，沪案交涉江西后援会和江西学联举行会议，邹努在会上坚决主张严厉打击奸商的卖国行为，把抵制仇货的斗争坚持到底。会后，他亲自带着同学们查获"哈德门"香烟200箱，还有洋伞、洋布等，总价值2万余元，并将这些洋货在赣江边烧毁。这一行动震动了全城，市民无不拍手称快，但是，也触怒了地方政府。数百名军警赶往现场，逮捕了邹努、姜铁英、杨大鹰、陈勉哉等6人，将他们关押在江西省军务督办公署达一个月之久。在狱中，邹努毫不畏惧，他把每一次庭审都变成了演讲的舞台。邹努等人被捕，激起了各界的愤怒，中国共产党机关刊物《向导》也刊文声援。在社会反对和抗议的声浪中，当局不得不释放邹努等人。

邹努出狱后，更加忘我积极地工作。他和丁健亚等在党员会上作了题为《双十节之意义》《关税自立问题》《国民党革命与世界革命之关系》等演讲，受到与会同志的一致称赞。10月，邹努被选为第六届团地委委员，担任组织部部长。11月，邹努发起成立了"青年互助社"，并举办了两所农民夜校，还为广东农民运动讲习所和黄埔军校选送了不少学员。

1925年冬至1926年上半年，江西省教育厅通令各校，凡这年毕业的学生有一科不及格者，均不得毕业。这实际上是当局的一个阴谋，他们害怕学生"造反"，企图以此将学生束缚在校园，一头钻进书堆。根据江西党组织的指示，邹努积极参与南昌学生"反考"斗争的组织领导工作，他在各校学生代表大会上明确提出："集中并统一学生的力量""勿受反动派之引诱欺骗"，以学联名义发出宣言，把斗争矛头直指当局。

1926年5月20日，江西省学生总会成立，邹努当选为主席，会上通过了邹努起草的宣言和维护学生利益、开展反帝运动、帮助工农运动、开展平民教育等多项决议。

1926年11月，北伐军进攻江西取得胜利，宣告北洋军阀在江西反动统治的结束。1927年1月，中共江西区委正式成立，南昌市的基层党组织均由江西区委直接领导，邹努任中共江西省立第一师范支部书记。17日，他主持召开了由全市各团体代表参加的联席会议，部署了列宁逝世3周年纪念活动。18日，他担任声援上海人民反英运动联席会议主席，亲自草拟了会议决议。25 日，他带领南昌市慰劳军士委员会的同志，赴武汉慰问北伐军将士。这一系列的工作，对发动群众、推进革命都发挥了重要作用。

北伐军占领江西后，蒋介石盘踞南昌，另立右派中心，指使段锡朋、周利生、程天放等组织"AB 团"从事反共活动。1927 年 2 月，国民党右派及"AB 团"分子在江西省党部选举中失败。段锡朋以党务督导员身份宣布选举无效，非法规定段锡朋、周利生、程天放等人为法定人选，篡夺了省党部的领导权。段锡朋控制省党部之后，便大肆排挤清除共产党员和国民党左派。面对严峻的形势，4 月 2 日，江西省总工会、学联、农协、军官教育团举行紧急会议，在邹努、袁玉冰等人的主持下，召开控诉"AB 团"罪行大会。会后，邹努等率领工人、农民、学生一举摧毁了国民党右派控制的省党部并抓获了"AB 团"骨干分子程天放（时任教育厅厅长，后曾任国民党宣传部部长）。

"四一二"反革命政变后，邹努用"雷特"等笔名在《红灯》等刊物上发表了《白色恐怖与赤祸蔓延》等几十篇文章，大声疾呼把"赤的五四精神复活起来"。邹努的顽强战斗精神，使反动势力坐立不安。6 月 5 日江西军阀朱培德以"礼送"为名，将邹努、姜铁英等 21 人驱逐出省境。邹努由南昌来到武汉，又积极投身武汉的革命斗争。这年夏天，全国第九次学生代表大会在武汉召开，邹努、周召南、陈步翔 3 人代表江西省参加了会议。会上，邹努当选为全国学联常委兼宣传部部长。在会议发言时，他号召青年："血钟响声悲切，赤潮涌波光裂，鲜红的血花遍地洒，投笔从戎救中华。"

7 月下旬，邹努秘密回到南昌，而后参加了举世闻名的南昌起义。之后，邹努受党组织派遣赴河南省担任河南省团委书记。不久，河南省党团组织遭到严重破坏，邹努被捕。9 月下旬，邹努在湖北与河南交界的武胜关被反动当局秘密杀害，时年 25 岁。

"革命引路人"——饶思诚

饶思诚（1882—1958），字让三，抚州临川人。他是饶漱石的父亲。1920年至1927年任教于江西省立第一师范学校，曾任该校训育主任。新中国成立后，曾任江西省政府副主席兼中南军政委员会委员、江西省人民政府副省长。

饶思诚

1882年10月，饶思诚出生在江西省临川县（今抚州市临川区）钟岭乡朱饶村一个贫苦农民家里，6岁丧母，8岁丧父，由伯父饶静轩抚养。9岁开始读私塾，21岁应科举考试，考取了科举最后一届的秀才。废科举后，他考入江西优级师范学堂选科，后以优异的成绩由学校保送至南京两江优级师范本科学习，主攻英语，辅修地理，毕业后回临川从事教育工作。1912年，他任临川县立高等小学堂（即原临汝高等小学堂）堂长（校长）。

1914年设于抚州的省立第三师范创立，饶思诚应校长蔡漱芳之聘到该校教英语。1919年，受五四新文化运动思潮的影响，他与彭贡玮、胡铁生发表社会革新的主张并身体力行，与地方封建守旧势力作斗争，三人当时并称为"革新三友"。

1920年，蔡漱芳调任江西省立第一师范学校校长后，饶思诚、彭贡玮、胡铁生随之到省立一师任教，饶思诚被聘为英语、史地教员兼训育主任。饶思诚在省立一师教英语时，非常认真负责，循循善诱，使学生的英语水平得到很大提高，使不少有志于升学者得以考取大学继续深造。饶思诚在省立一师任教时，正值大革命逐渐走向高潮的时期。他早年就向往革命，在这种政治形势下，他非常关心国家大事，并结合史地教学，经常提出许多有益的问题供学生讨论，引导学生走向救国救民之路，得到许多进步学生的赞赏。当时，省立一师中的地下党员陈赞贤、朱由铿、邹努、曾宏毅、丁健亚、冯任、刘峻山（九峰）、徐褐夫、欧阳洛等，都与他接触较多，常到其家质疑问难、共同研讨。他也鼓励学生追求进步、救国救民。在与学生共同学习的过程中，他接触了大量的马列主义书刊，思想上取得很大的进步，开始从一个朴素的爱国主义者逐步成为一个自觉的革命者。他的儿子饶漱石受他的影响也走上了革命的道路。

第一次国共合作时期，饶思诚曾出任国民党江西省第一区党部常务委员、江西省党部执行委员兼青年部部长。1927 年，蒋介石发动"四一二"反革命政变。中国共产党为了挽救革命，决定发动南昌起义。饶思诚虽是国民党党员，但他毫不犹豫地站在共产党这边，驳斥蒋、汪叛变革命，并积极组织领导全市青年学生配合南昌起义。起义成功后，饶思诚以国民党江西省党部代表身份，出席由谭平山主持召开的有中央执委及各省党部和国民党左派（有国民党党籍的共产党员多人）参加的联席会议，参与成立革命委员会等事宜的讨论，并以省党部执委身份参加南昌起义庆祝大会。不久，起义军撤离南昌，饶思诚因身患肺病，未能随军南下。

为了躲避国民党反动派的迫害，当年 11 月他潜回临川乡间私塾教书，后靠朋友蔡漱芳和学生吴自强等人的帮助，在临川中学（今抚州一中）等校从事教育工作。1932 年受省立南昌一中校长吴自强聘请，担任该校教员，后因病难以任教，由欧阳祖经介绍改任省立图书馆管理员。1937 年回老家养病兼教私学。1939 年，又受吴自强之聘回省立南昌一中任教，直至新中国成立。

1946 年夏，饶思诚从南昌带回一本国民党办的画报，里面有中共中央代表饶漱石等人同国民党及美方代表谈判的图片，图片下面标有中国代表饶漱石的名字。这时，饶思诚才得知 20 多年未曾谋面的儿子的下落。

南昌解放不久，江西省党政军领导同志陈正人、邵式平、陈奇涵以及中国人民解放军兵团司令员陈赓，得知饶思诚同志还健在，遂一同驱车前往南昌一中看望饶思诚，获悉饶思诚贫病交加，当即赠送银圆二百元。饶思诚非常感动，坚持不受，再三婉言谢绝，并请陈赓司令员将此二百银圆代转犒劳正在向大西南进军的前线将士。

　　江西省人民政府成立后，饶思诚担任了江西省政府副主席兼中南军政委员会委员，后于1955年、1957年当选为江西省人民委员、副省长，并出任江西省文物保护管理委员会主任。在任职期间，他由于年老体弱，不能做很多具体的工作，但他有一分热发一分光，经常热情地宣传马列主义、毛泽东思想，教育人们热爱党、热爱社会主义。每次开会，他都提出很多宝贵的意见和建议，特别是对发展人民教育事业，他提的建议最多。如要发展人民教育，为国家培养更多的高质量人才，就必须提高教师的教学水平，提高教师的社会地位，安排好教师生活，等等。即便在"高饶事件"之后，他也未改变过对共产党的信任和对社会主义建设的热诚。

　　1950年底，饶思诚毅然把自己身边的一子一女送去参军，并亲自参加南昌市立中学家长座谈会，号召家长把子女送去参军，抗美援朝，保家卫国。与此同时，他还将长期保存的亡妻遗物——金镯捐献出来，支援抗美援朝，为大家作出了表率。

　　1958年8月25日，饶思诚因旧病复发病逝于庐山，终年76岁。

　　饶思诚同志一生生活俭朴、自奉菲薄。临终前，他嘱咐子女将他节余的工薪6000余元上交国库。子女遵其遗嘱，将存折上交，完成了父亲最后的遗愿。

敢为劳工争权益：早期工人运动领袖陈赞贤

20 世纪二三十年代，以毛泽东为代表的中国共产党人在江西开展了轰轰烈烈的革命斗争。在大革命失败后，中国共产党在江西这片红土地上逐渐摸索出农村包围城市、武装夺取政权的革命新道路。其中，江西工人运动蓬勃发展，构筑了伟大的江西红色工运史，为井冈山与中央苏区革命根据地的创建奠定了扎实的群众基础。江西广大工人群众在毛泽东、刘少奇等人的领导下，从参加安源路矿工人大罢工到开辟中国革命新道路，从收回九江英租界到投身苏区治国理政的伟大预演，江西工人阶级在早期中国工人运动史上留下了浓墨重彩的一笔，为探索出一条符合国情的工运道路作出了积极贡献，是江西红色文化的重要组成部分。

（一）江西工人运动的兴起与发展概述

江西工人运动的兴起

江西是中国工人运动的策源地之一，从 1922 年安源路矿工人俱乐部成立开始，江西的工人运动已经走过了百年辉煌的历程。江西工人运动走过的是一条不平坦的道路。工人阶级在党的领导下，从自发的经济斗争，走向自觉的政治斗争，登上革命舞台，成为这一时期江西革命的中坚力量。江西的工人运动为我们留下了宝贵的历史经验，也为我党培养了大批革命干部，党的先驱者在工人运动中得到锻炼，毛泽东、李立三、刘少奇、李富春与陈潭秋等都曾参与领导过江西的工人运动。江西的工人运动为我党探索中国革命的道路作了有价值的尝试，为井冈山革命根据地的开辟与中央苏区工人运动的开展打下了坚实的基础。1921—1927年的江西工人运动影响深远，并因自身的特色在中国革命史与中国工人运动史上占据重要地位。

众所周知，五四运动是中国新民主主义革命的开端，也是工人阶级以独立姿态登上中国历史舞台的标志。五四运动促使马克思主义开始与中国工人运动相结合，1921年中国共产党的诞生就是两者结合的产物。

清末与民国时期，江西各地工人运动就已经兴起，且不断发展壮大。在中国共产党成立前，江西的工人阶级为争取生存的权利，曾经有过多次政治经济斗争，如1906年的萍浏醴起义、1919年五四运动期间的九江工人罢工以及之后南昌、景德镇等地的工人罢工等，但由于没有先进的政党的领导，未能取得彻底的胜利。随着五四运动的发展和马克思主义的传播，一批在外求学的江西籍知识分子逐渐成长为马克思主义的坚定信仰者。他们回到江西后，与外省籍的共产党员一道，把马克思主义与江西工人斗争实际相结合，与江西的革命实践相结合，建立了中共江西早期地方组织，并领导开展了轰轰烈烈的工人运动。

1919年五四运动后，中国的工人阶级就始终代表中国社会最先进的生产力和生产方式，站到了革命的最前锋，登上了历史舞台。中国共产党从成立之日起，便以工人阶级为中心，以反对帝国主义、封建主义和官僚资本主义为主要任务。在长期的革命斗争中，中国共产党领导的工人运动，实现了一个历史的转变，进入了一个有组织的、自觉的经济斗争与政治斗争相结合的新时期，并与中国的新民主主义革命相结合，形成了一条反对帝国主义、封建主义和官僚资本主义的全新的有计划的革命之路。在此期间，中国共产党在俄国十月革命的基础上，试图在城市中寻找一条革命的发展之路，从而在全国范围内掀起了一波又一波的工人运动高潮。

各地共产党早期组织皆建立在产业工人聚集之地。1920年10月，李大钊、张国焘等在北京成立了共产党早期组织，李大钊担任书记。1920年到1921年春，董必武、陈潭秋、包惠僧等在武汉，毛泽东、何书衡等在长沙，王尽美、邓恩铭等在济南，谭平山、谭之堂等在广州，也成立了共产党早期组织。而成立共产党早期组织的这些地方都是产业工人集中、受新文化运动和五四爱国运动的影响深远，也是马克思主义先进知识分子集中且舆论影响大的城市。

中国共产党自诞生之日起，就把领导工人运动与建立无产阶级专政置于首要地位。1921年3月，李大钊公开写文章呼吁创建工人阶级的政党，他指出，"中国现在既无一个真能表现民众势力的团体，C派（即共产主义派）的朋友若能成立一个强固的精密的组织，并注意促进其分子之团体的训练，那么中国彻底的大改革，或者有所附托"。1921年7月23日，中国共产党第一次全国代表大会在上海召开，中共一大明确提出要把工人、农民和士兵组织起来，并确定党的根本政治目标是进行社会革命。这表明中国共产党从建立开始就旗帜鲜明地把实现社会主义、共产主义作为自己的奋斗目标，并坚持用革命的手段来实现这个目标，是一个以马克思列宁主义理论为基础的新型工人阶级革命政党。

领导工人运动，是党的一项主要工作。党的一大通过工作决议，成立工人运动领导机关开展工作。当时，党的工作包括两个方面：第一是宣传马克思主义，党的标志性理论工作包括在上海成立人民出版社，先后出版了《共产党宣言》、列宁的《劳农会之建设》等共产主义理论著作；第二是全力领导工人运动。

工会组织与领导机构的相继建立，推动了全国工人运动的发展。为了加强对工人运动的领导，1921年8月，党成立了领导工人运动的公开机构——中国劳动组合书记部，并设立相关的机关刊物——《劳动周刊》。在中国劳动组合书记部及其各地分部的领导下，全国掀起了轰轰烈烈的罢工斗争。在1922年1月至1923年2月的一年多时间里，全国开展罢工斗争100多次，参加人数达30万以上，形成了中国历史上第一次全国性的工人运动高潮。其中著名的罢工有香港海员大罢工、安源路矿工人大罢工、汉阳钢铁厂工人大罢工、开滦煤矿工人大罢工和京汉铁路工人大罢工等。这些罢工斗争大多数目标明确，组织坚强，部署周密，斗争策略巧妙灵活，因此取得了辉煌成绩。

1921年中国共产党的成立是中国开天辟地的大事变，它不仅改变了未来中国的发展方向，也改变了中国工人运动的发展方向。自此，党领导的工人运动和工会运动在中国大地勃兴。同时，中国共产党的诞生标志着工人阶级实现了从自在阶级向自为阶级的转变。在党的领导下，工会动员和组织工人阶级紧紧团结在党的周围，为实现党在各个历史时期的中心任务而不懈奋斗。建党之初和大革命时期，中国共产党领导下的江西工人运动，在江西革命斗争史上占有重要地位，在中国工人运动史上也有重要影响。

江西是中国早期工人运动的策源地之一。在马克思主义的影响下，江西工人阶级的阶级意识有了新的觉醒，全省工人运动蓬勃兴起。1919年，在上海各行业工人罢工和五四运动的影响下，九江码头工人等于6月12日开展罢工斗争，拒绝给"江华""吉和"号轮船装卸货物。九江轿工拒绝抬送日本人上下庐山。九江各界群众集会演说、游行示威，手执"工界万岁"横幅，亦称不供应米面、蔬菜给在浔的日本人。南昌江北码头工人包括江北牛行车站在内的整个南浔铁路1000余人，也举行全线总罢工一天，以支援五四运动。

在五四运动影响下，萍乡安源煤矿工人进行罢工斗争。受全国工人运动斗争形势的影响，久积在安源煤矿工人心中的仇恨德国监工的怒火再次爆发。长期以来，把持安源煤矿工程技术大权的德籍监工经常虐待矿工，工人们早就要求将他们惩办，但矿局置之不理。1919年6月23日，安源煤矿又发生总平巷德国总监工奥森布鲁克（Osenbruek）踢伤工人汪大全的事件。数百名愤怒的工人聚集在总平巷公事房和德国总监公寓所门前，声言要打死德国监工并酝酿罢工，驱逐德籍监工。矿警队派人镇压阻止，仍无法平息工潮。工人坚持斗争的结果是，汉冶萍公司被迫解雇了德国籍监工，在安源煤矿的德国籍监工终于全部被赶出矿山。赣州、抚州、宜春等地工人也陆续开展一些罢工运动，为谋求工人权益和提高待遇与改变压迫制度而斗争。

1920年，在党的领导下，江西工人运动继续发展。1920年，上海、北京、香港等数十个城市第一次举行大规模的纪念五一国际劳动节的活动。在江西九江，1920年4月30日，九江学生联合会评议部部长蒋宗文与当地工人研究商定，于1920年5月1日举行集会，并停工3天，以纪念五一国际劳动节。1920年5月1日黎明，约4000名工人"齐立江干"，手执白旗，上写"为国宣力""亟起救国"等字样。下午2时，市学联在滨兴洲主持开会，到会工人2000余人。蒋宗文宣布会议的宗旨，学联会长俞销、副会长潘街及上海各界联合会派来的代表在会上发表演说，要求工人结成团体，成立劳动会。会后，工人与学生结成一体，列队游行，张贴纪念五一国际劳动节的标语。这是江西工人阶级第一次集会纪念五一国际劳动节，声势颇为浩大。

南昌各界与工人也开展了庆祝五一国际劳动节的活动。1921年5月1

日的南昌，在改造社负责人袁玉冰的主持下举行小型劳动节纪念会，袁玉冰向劳工群众作《劳工神圣纪念日》的报告，宣传五一国际劳动节的来历及劳动人民的伟大历史作用。1922 年 5 月 1 日，由改造社、觉社、《大江报》社、一平印刷局等团体发起，在江西教育会举行盛大的纪念五一暨追悼黄爱、庞人铨两烈士大会，有 20 余个团体共 2000 余人参加，其中工人占 1/5。大会由一平印刷局工人乐浦香主持，会场正中横挂"劳工神圣"4 个大字，两边挂黄、庞两烈士遗像，四周挂满挽联。会上，工人情绪激动，愤怒声讨北洋军阀政府迫害工人领袖的罪行，高呼"劳工万岁"的口号。事后，袁玉冰在《新江西》上发表文章《南昌五一纪念的状况》，希望今后南昌用黄、庞的精神去干。同年 5 月 1 日，第一次全国劳动大会在广州召开，南昌工人胡占魁代表江西工人参加大会，这是江西工人运动在全国工运史上活动的早期身影。

1920 年 3 月 14 日，九江码头工人举行了反帝罢工斗争，九江码头工人和各界人民进一步认清了帝国主义的凶恶面目和军阀政府的媚外本质，这是中国人民反抗帝国主义压迫的典范。随后，南昌爆发了烟、糖、酒业和码头工人的罢工，在工人阶级的斗争下，各业资本家被迫答应了工人的要求，罢工斗争取得胜利。1921 年 8 月，南昌又发生了码头工人和南浔铁路工人共同反对天昌碾米公司出卖米谷救济日本的斗争，推动了工人运动的深入发展。

在党的领导与全国各地工会组织建立的影响下，江西工会组织应势而生。江西工人阶级通过斗争，认识到团结起来的重要性，开始建立起本阶级的组织——工会组织。安源路矿工人运动是全国工人运动中发生早、持续时间长、成效显著的典型代表。1921 年 5 月 1 日，安源工人俱乐部正式成立，同时成立了工人纠察队。这是中国共产党领导下的江西第一个工农群众武装组织。1922 年春，江西除萍乡安源外，其他地方尚未建立共产党的组织，但在进步思潮影响下，南昌工会亦成立了。

在全国工人运动蓬勃发展的影响下，在江西红色热土上，爆发了安源路矿工人大罢工。1922年9月14日至18日，安源路矿工人在毛泽东的影响下，在李立三、刘少奇的领导下，为反对路矿当局企图封闭工人俱乐部和要求付清所积欠的工资举行了大罢工。经过5天罢工斗争，路矿当局被迫接受工人提出的条件。9月18日，由萍矿总局全权代表舒修泰、株萍路局全权代表李义落与工人俱乐部全权代表李立三正式签订承认工会为工人合法团体、增加工资、改良待遇等13条协约。安源路矿工人大罢工影响深远，是中国工运史上一次著名的罢工事件，是红色工运在江西的伟大探索。

安源路矿工人大罢工

安源煤矿位于江西萍乡境内，它和株萍铁路合称安源路矿，是中国最早的钢铁联合企业——汉冶萍煤铁厂矿股份有限公司的重要组成部分。

中共安源支部是在江西建立的第一个党组织，也是中国产业工人中的第一个党支部。安源路矿党组织的建立，标志着江西工人运动同马克思主义相结合。从此，安源路矿工人有了自己的领导核心，工人运动进入了新的阶段，围绕党的中心任务逐步转型与发展。在江西工人运动中，安源路矿工人大罢工是闻名全国的罢工高峰。中共安源路矿支部的成立为安源工人运动点燃了火种，历时近10年的安源工运中，安源路矿工人大罢工无疑是革命烈火燃烧得最为壮丽的一次。在1922年的第一次罢工高潮中，中共安源路矿支部领导下的安源路矿工人大罢工创造了"绝无仅有"的成功范例，是中国共产党第一次独立领导并取得完全胜利的工人斗争，体现了广大工人阶级的崇高品格与斗争精神，是江西红色文化的重要组成部分。

中国共产党成立后，将开展工人运动作为工作重心，各地党员深入工人当中，宣传马克思主义，促进工人觉醒。1921年秋，中共湖南支部书记兼中国劳动组合书记部湖南分部主任毛泽东到安源煤矿考察，他利用同乡的关系住在安源煤矿西平巷段长毛紫云家里，以参观矿山的名义下矿井、进工棚，广泛接触工人，了解工人的疾苦和路矿情况，启发工人的阶段觉悟。经过一周时间的考察，毛泽东认为安源是一个建立党的基层组织、发动工人运动的好地方。回到长沙后，毛泽东和湖南劳工领袖黄爱商定，请黄爱设法与安源工人建立通信联系。之后，株萍铁路局的火车司机朱少连利用跑车常到长沙的机会，将《劳工周刊》《劳动周刊》等刊物带到安源，使全国各地劳工运动的消息在安源工人中不断传播开来，为大罢工的开展播下了革命的火种。

1921 年 11 月，毛泽东偕同李立三、宋友生再次来到安源，同工人进行交谈，进一步做思想开导工作，宣传组织工人团体的必要性，并决定派李立三常驻安源开展工作。李立三到安源后，在工人中广泛宣传马克思主义，先后吸收 8 人为中国社会主义青年团团员，并于同年年底成立了中国社会主义青年团安源支部。随后，李立三又创办了工人补习学校，把教授文化知识和宣传马克思主义结合起来，取得了很好的效果。在此过程中，李立三吸收朱少连、李涤生等 6 名工人骨干为共产党员，于 1922 年 2 月建立了中共安源路矿支部，隶属中共湖南支部，李立三任书记。各级路矿党团组织的建立，为日后开展工人运动奠定了组织基础。

在毛泽东、刘少奇与李立三的领导下，安源路矿大罢工与全国工人罢工运动互相呼应。1922 年 9 月初，粤汉铁路工人正在紧张筹备罢工，工人运动继续高涨。毛泽东再次来到安源巡察，发现路矿当局拖欠工资多月，工人苦不堪言，需要组织斗争。毛泽东发现，在全国罢工浪潮的影响和俱乐部的鼓舞下，工人们的罢工意愿强烈，安源路矿工人与粤汉铁路工人一起罢工具有极大可能性。毛泽东当即返回湖南长沙，写信给在醴陵的李立三让他赶回安源，同时调派正在筹备粤汉铁路工人罢工的刘少奇立即前往安源，提出"哀而动人"的罢工思想。中共安源路矿支部领导工人俱乐部提出"从前是牛马，现在要做人"的战斗口号，以"改良待遇、增加工资、组织团体——俱乐部"三点作为主要斗争目标，拟定罢工宣言。罢工前，李立三会晤绅商学界首领等，争取到他们对罢工斗争的同情与支持，并派人到各处向工人们加紧宣传，成立罢工指挥部，李立三任总指挥，刘少奇作为全权代表驻部应对一切。经过周密计划布置和充分准备之后，1922 年 9 月 14 日凌晨，安源矿区工人、株萍铁路全线工人和紫家冲分矿工人共计 1.3 万余人参与了此次罢工，声势浩大。俱乐部向全体工人发出罢工命令。按规定部署，路局火车房工人于 14 日 2 时率先罢工，停开当日的第一趟列车，机务处工人当即拉响汽笛，发出罢工信号。3 时，矿局工人截断矿井电线，使电车停顿，井下工人即知罢工已经开始，潮水一般涌出矿井，高呼："罢工！罢工！"这时，总平巷井口监守员将写有"罢工"二字的大白旗竖于井口上方，用木料将井口堵住，仅留一出口让井下工人出班，不准任何人下井。本应在 4 时进班的工人，接到罢工命令后，一律留在餐宿处，不再上班，也不外出。随后，路局各工作处和各车站，矿局的洗煤台、炼焦处、修理厂等地面各工作处，以及紫家冲分矿，均相继罢工。14 日午前，除锅炉房、发电机、打风机和抽水机按原定计划照常开工或部分开工外，路矿两局 1.3 万余工人全面实行大罢工。罢工期间，路矿工人不为敌人的威逼利诱所动，对于俱乐部的命令一呼百应，秩序井然。赣西镇守使署派军队到安源，胁迫工人开工。工人们无所畏惧，冒死向士兵进行罢工宣传并挤走军队。路矿当局想引诱和收买工人开工，矿区的四五千名工人均不为所动。路矿当局约见刘少奇，武力胁迫其下令开工。刘少奇临危力拒，数千工友闻讯围楼助威，再次粉碎敌人企图。经多日罢工，矿井面临危险，路矿两局不得不派代表与工人俱乐部代表谈判。经彻夜与商绅调停、谈判，1922 年 9 月 18 日上午，路矿两局签订了承认俱乐部有代表工人的权利等 13 条协议。至此，安源路矿工人大罢工取得了完全的胜利。

罢工斗争的目的是"使无产阶级团结起来，养成无产阶级支配社会的潜伏势力"，最终将社会改造成没有阶级压迫、产业公有的社会。安源路矿工人大罢工的主要口号"从前是牛马，现在要做人"充分体现了这一指导思想。安源工人过去 20 多年间的屡次反抗均遭失败，而这次罢工取得了胜利，使工人深切认识到团结奋斗的重要，极大地提高了工人的阶级觉悟。罢工胜利后不久，工人俱乐部的成员就由罢工前的 700 多人猛增到 1.2 万多人。在此基础上，安源工人俱乐部同粤汉铁路工人联合成立了粤汉铁路总工会，并发起成立了湖南全省工团联合会和汉冶萍总工会，又与湖北全省工团联合会建立了联系。与此同时，在全国第一次工人运动高潮的影响和推动下，九江、南昌等地也先后爆发了码头工人和理发工人的罢工，并取得了胜利或基本胜利。最后，铁路工会联合起来成立了全国铁路总工会筹备委员会，从而大大推动了工人阶级的全国大联合。

安源路矿工人大罢工显示了工人阶级的伟大力量。此次罢工正如刘少奇、朱少连在《安源路矿工人俱乐部略史》中所概括的那样："这一次大罢工，共计罢工五日，秩序极好，组织极严，工友很能服从命令，俱乐部共用费计一百二十余元，未伤一人，未败一事，而得到完全胜利，这实在是幼稚的中国劳动运动中绝无而仅有的事。"

罢工的胜利，扩大了党的影响。1922 年中共安源支部成立后，随着路矿工人运动的不断发展，党员人数增加很快；1923 年春，在支部基础上成立中共安源地委，到 1924 年 10 月，党员增加至 108 人，并在路矿消费合作社、俱乐部机关等处成立党小组。1925 年 1 月后，小组改称支部，党员已有 230 人，逐步形成了以中共党组织为领导核心、以工人俱乐部为公开组织形式的阶级队伍。

1923年"二七"惨案后，全国工人运动转入低潮，安源工人及时改变斗争策略，加强了自身的思想和组织建设，巩固了队伍，保卫了已经取得的成果。但在1925年9月，安源路矿资方勾结赣西地方军政当局，突然发动了对安源工人俱乐部的进攻，制造了震惊全国的九月惨案，使安源工人运动遭受了一次特大的打击，转入低潮。1923年"二七"惨案发生后，南昌工会和改造社等进步团体一道向全国发出通电，对河南、湖北北洋军阀吴佩孚、萧耀南镇压京汉铁路工人运动、杀害工人领袖林祥谦等表示强烈谴责，表达了江西工人阶级同全国工人阶级共同团结战斗的决心。

安源路矿工人大罢工为湘赣边界工农运动以及革命形势的发展奠定了群众基础。1926年12月在湖南省第一次工农代表大会上，毛泽东提出了农民问题是中国革命的中心问题，萍矿总工会和安源部分工人出席了这个大会。1927年初，从广州农讲所来的安源工人代表在萍乡举办了农民运动讲习所，培养农运干部。萍乡和安源的工人不断深入到附近农村，发动农民运动。在南昌地区，有觉悟的工人在大革命后期也自觉地下到郊区农村，帮助农民建立农民协会，打土豪分田地。大革命的失败使党的工作重心转向农村这是当时革命形势发展的必然。江西工人运动适应了这一转变，红军中有很多士兵是经过大革命锻炼的江西等地的工人群众。秋收起义部队第二团主力是安源的工人，第三团中也有许多是修水、铜鼓等地的工人。据铜鼓史志资料记载，起义军"途经铜鼓上庄时受到当地工农热情慰问，上庄纸工会会员和农会会员积极参战支前"。南昌起义部队转战赣南时，也受到当地许多工会的支持。

安源路矿工人运动为中国革命作出了一系列具有开创性的重大贡献，创造了多个"第一"：安源成立了中国共产党在产业工人中的第一个支部——中共安源路矿支部，成立了全国工运中第一个具有武装性质的工人侦探队，创办了中国共产党领导下中国工人阶级的第一个经济组织——安源路矿工人消费合作社，创办了中国共产党第一所党校——中共安源党校，等等。如果说中国共产党的成立点燃了中共革命事业的火种，那么中共安源路矿支部的成立则点燃了安源工人运动的火种，为马克思主义与安源工人运动结合提供了组织保障。作为我党在全国产业工人中的第一个党组织，中共安源路矿支部的成立让安源工人阶级有了主心骨，也让全国工人运动多了一盏领航灯，引领工人运动从自发走向自觉，从被动转向主动。

安源路矿工人运动的历史意义深远。第一，安源路矿工人运动为马克思主义与中国工人运动相结合提供了光辉范例。第二，安源路矿工人运动为中国工运史和革命史谱写了重要篇章，为毛泽东开辟中国革命新道路提供了群众基础。第三，安源路矿工人是湘鄂赣三省枢纽地带的革命运动的主力军。中国第一块农村革命根据地能够在湘鄂赣三省革命发展的枢纽地带——湘赣边和湘粤大道建立，并长期地存在和发展，重要原因之一就是在第一次大革命过程中和以后的一段时间内，这里的民众革命运动最为发达，红色政权的上述三个方面最为充分和出色。安源路矿工人运动不仅是这一地带革命运动的不可分割的一部分，而且一直是其中的主要支柱。湘赣边界秋收暴动是在安源的张家湾策划的，是创建井冈山革命根据地的前奏，也是探索中国革命新道路的实际开端。暴动发生和发展的地点是安源、修水、铜鼓 3 个军事集结点和爆发点，还有工农群众暴动的粤汉、株萍两条铁路线，以及由这三点两线联结着的一大片城镇农村。而在这三点两线一大片中，安源是赖以进行暴动的军事准备的主要阵地，是中共湖南省委指挥暴动的军事中心，以安源工人为主体组成的第二团，是 3 个团中人数最多、战斗最激烈、战绩最好的一个团。秋收起义以后，中国革命运动进入了创造工农武装割据的新时期，运动中心从安源转移到了井冈山。1930 年 9 月，毛泽东、朱德到安源扩充红军、组建工兵连和电话大队，吸收了 1000 余名工人参加中国工农红军。之后，安源工人在中国共产党的领导下，和全国人民一道，以各种形式坚持斗争，支持和配合井冈山革命根据地的革命。由于井冈山革命根据地的创建和发展，中国革命找到了一条走向胜利和复兴的道路。

2018 年习近平总书记高度评价了安源路矿工人大罢工的伟大历史意义，他指出安源路矿工人大罢工是中国共产党第一次独立领导并取得完全胜利的工人斗争，提高了党组织在工人群众中的威信。

江西工人运动的发展

五四运动前后兴起的江西工人运动斗争情况表明，江西工人运动开始超出单纯的经济斗争的范围，向反帝反封建的政治斗争发展。同时，随着工人运动的发展，江西工人阶级的组织程度不断提高，工人斗争开始由零星、分散向全行业及各行业之间联合斗争发展。

大革命期间，江西工人运动蓬勃发展。1924 年，吉安天河煤矿举行了历时一个月的罢工，成立了纠察队。1926 年 11 月 3 日，赣州工会召开了第一次工人代表大会，成立了赣州总工会，选举陈赞贤为委员长，并成立了工人纠察队。北伐战争的胜利，促使江西工人运动发展到了一个高潮阶段，全省工会会员猛增到 20 余万人。

但是，大革命后期，蒋介石叛变革命，在江西南昌和赣州大肆搜捕共产党员和工会领导干部，镇压工农运动，使得工农运动陷入低潮。1927 年 2 月 23 日江西省总工会成立后，为江西全省的工人运动和支持北伐战争作出了贡献。但江西省总工会成立不久，1927 年 3 月 6 日，新编第一师国民党党代表倪弼就根据蒋介石"解散总工会，严惩委员长"的手令，在赣州逮捕并枪杀了工人运动领袖陈赞贤，制造了"赣州惨案"。1927 年 6 月 5 日，朱培德在江西"分共"，下令江西省总工会和省农会"停止活动"，并派军警武装查封了省总工会和省农协。1927 年 7 月 8 日，南昌百余名工人代表举行会议，要求恢复江西省总工会。在 1927 年 8 月 1 日的南昌起义中，总工会号召工人投军参战，参加起义。起义军撤离南昌后，江西省总工会再次被摧残，工会活动陷入低潮。

在毛泽东的领导下，江西工人运动再次成为马克思主义与中国实际相结合的光辉典范，从城市工矿走向农村，推动了中国革命的发展。江西工人运动首先向矿山交通等老行业发难，然后向其他行业扩散，即首先在九江、安源等边境城市兴起，然后向内地其他城市发展，最后蔓延全省，它发展的道路是比较曲折的。后来北伐战争把江西工运推向了高潮，到 1927 年初，江西工人运动已初具规模，工会组织遍布各地，运动波及全省，影响全国。大革命失败之后，江西工人运动也同全国工运一样进入一个转折时期。从全国来看，当时许多省市的工人运动都遭受挫折，归于沉寂，各大中城市处于国民党反动派或旧军阀的恐怖统治之下，工人运动夭折、中断或转入秘密状态。但是江西工人运动有着明显的不同的结局，它积极适应了形势的转变。早在第三次全国劳动大会上，我党就号召全国"工人群众随时要提携着农民一致奋斗"，江西工人运动顺应历史趋势，工农运动相结合。在毛泽东的带领下，江西开辟了崭新的中国革命道路。从 1927 年江西工人运动发展的走向来看，江西工人运动成功地适应了大革命的转变，由城市转入农村，并在全国范围内率先建立了农村革命根据地——井冈山革命根据地，为中国革命道路的探索做出了开创性的尝试。

总体而言，江西工人运动在党的领导下，与中国共产党成立初期制定的革命中心任务是相呼应的，并且始终坚持：听党话、跟党走，紧跟时代步伐。它在大革命失败后并未中断或夭折，而是随革命的变化而发展，由城市转入农村，走上了与农民运动相结合的道路，为第一个农村革命根据地的建立作出了贡献，也为国际工人运动史上独具创新特色的苏区工人运动的开展打下了基础。江西工人运动顺应形势的转变是成功的，是有江西特色的，充分体现了广大工人阶级和劳动群众的历史主动性、积极性和创造性。江西工人运动是江西红色血脉与红色基因的重要组成部分。

（二）早期工人运动领袖：陈赞贤

陈赞贤（1896—1927），字子襄，江西省南康县东山乡（现东山街道办）陀圳村人。陈赞贤同志是大革命时期江西省总工会副委员长、赣州总工会委员长、中共赣州特别支部书记、赣南十七县民众运动指导员。他是赣州工人运动的领袖，赣南党组织的创建者之一，中共赣州地方组织的创始人之一，中共早期的著名工人运动领袖之一。

陈赞贤

1896 年 8 月 22 日，陈赞贤出生于赣州南康东山乡陀圳村的一户农民家庭。高等小学毕业后，陈赞贤满怀救国救民的大志考入江西陆军讲武堂，但因讲武堂堂长李烈钧（江西都督）追随孙中山发动"二次革命"，举行湖口起义，兵败后东渡日本，讲武堂被迫解散。1913 年 7 月，不满 20 岁的陈赞贤没等毕业即被遣散还乡，后受聘于南康唐江乐群高小，任教员。在乡任教期间，他认真研究孙中山学说，于 1918 年创办东山高等小学，并任校长。在该校，他积极开展教学改革，重视培养学生反帝反封建思想，朱由铿、钟肇尧等地方革命带头人均是陈赞贤的学生。1919 年五四运动爆发后，陈赞贤为声援五四运动，组织领导南康民众、爱国师生进行集会游行。他发动全县各学校师生，联络各界进步人士，组织了学生联合会和救国会，上街游行，散发传单，宣传反帝反封建的进步思想。他还带领东山高等小学的师生徒步 20 公里，到潭口镇宣传五四爱国运动，却在集市遭到地痞流氓的阻挠。陈赞贤挺身而出，理直气壮地斥责他们："宣传爱国有什么罪？难道要大家当亡国奴？"面对正气凛然的陈赞贤，地痞流氓无言以对，只好悻悻离去。五四运动前后，陈赞贤积极参加反帝反封建爱国运动，满怀救国热情，敢于为民请命，同邪恶势力作抗争，体现了浩然正气。

1921 年初，为继续求学，陈赞贤赴南昌考试，并考入江西省立第一师范学校。翌年春，他放弃师范学业到广西参加孙中山领导的革命军，并随军北伐，任少校书记。后因在长途行军中患痢疾，他回到家中医治，并继续在南康开展反对北洋军阀的斗争。1922 年冬，南康的大恶霸陈祖兰和邓朝贵趁北洋军阀与粤军在赣粤边界交战之机，将当地一家当铺的金银财宝鲸吞，却谎称是被乱兵抢走的，致使当铺停业，许多百姓敢怒不敢言。此时，陈赞贤正好从军队中返乡养病在家。闻讯后，他强撑病体，团结群众，到处搜集证据，调查访问当铺的雇员，并将恶霸告到县衙。后通过清算斗争，揭露了恶霸的罪行，迫使他们退赔 1 万余元，并恢复了当铺营业，保护了群众的利益。

返乡养病期间，陈赞贤宣传爱国救国思想，积极推动国民革命。1923年，陈赞贤在家乡创办了义务小学，并兼任县教育会副会长，创办了《蓉江教育》杂志。在此期间，他一边办学，一边寻找救国救民之路。1925 年，他借参观华中运动会之机到南昌，出席了国民党江西省第一次代表大会，后受命回南康组建国民党县党部，推动国民革命。在家乡，他积极发动工农和知识分子，开展反帝反封建和反军阀的斗争，触怒了军阀当局。1925年 12 月 16 日，反动派下令通缉陈赞贤，并派出大批法警四处搜捕他。幸而他事先得知，星夜潜往广东南雄避祸。在南雄，他接受当地中共党组织安排，筹组工会，领导工人运动。

国民大革命期间，陈赞贤加入中国共产党，并开始领导工农运动。1925 年陈赞贤组织各界人士集会，声援"五卅"运动。1926 年春，陈赞贤在中共南雄县委书记傅恕介绍下加入中国共产党，当选为南雄县总工会委员长，并兼任国民党南雄县党部常务委员。他在当地创办了宣传员养成所，培训宣传干部 100 余人。不久，他又参加了国民革命军，任第二军第五师政治部宣传科科长。1926 年 7 月，国民革命军出师北伐，革命形势蓬勃发展。我党派陈赞贤回江西准备迎接北伐军。回赣后，他秘密设立机关进行工作，在赣南策动了北洋军阀赖世璜部起义，将赖世璜部改编为国民革命军第十四军。他奉命到江西赣州领导工农运动，任中共赣州特别支部书记。同月，陈赞贤赴广州向中华全国总工会秘书长刘少奇汇报工作。1926 年 8 月，陈赞贤化名陈博珍，以中华全国总工会特派员身份回到赣州。他和朱由铿一起，发展党员，在大新开路黄家祠建立了中共赣州支部。随后，陈赞贤又以国民党员的公开身份，被派到南康任县行政委员长（县长），同时领导创建了中共南康支部干事会，并任书记。陈赞贤利用合法身份，对腐败的政治大刀阔斧地加以改革，同时宣布革命政府执行"三大政策"，取消一切苛捐杂税，解除人民痛苦；教育工作人员要廉洁奉公，为人民办好事要尽心尽力。1926 年 10 月，陈赞贤调任中共赣州特别支部书记，他通过各种方式和途径，深入群众，大力宣传组织工会，随即筹建赣州总工会。他先后派人在信丰、大余、崇义、上犹、于都、宁都和安远建立了党小组，负责赣南党务，同时他还担任十七县工农运动指导员，指导与参加工农运动。陈赞贤废寝忘食，不知疲劳。人们常见他穿一身蓝布旧衫，日夜奔波在工人群众中。赣州是个商业城市，产业工人很少，参加工会的会员绝大多数是商店店员，少数是手工业工人。陈赞贤亲自到店员群众家中访贫问苦，做了大量深入细致的组织和思想工作。他常常鼓励工人说："我们正在向反动派展开一字形的冲锋，千万犹豫不得啊！"他坚毅的斗争精神感动了许多工人，在群众中有很高的威信。他还向工人群众介绍安源大罢工、省港大罢工的斗争情况，鼓励工人们迅速组织起来，进行斗争宣传。

陈赞贤深入工农群众中，培养工农干部，宣传革命思想。当时的赣州，由于洋货充斥市场，手工业生产受到排挤，大批破产农民涌进城市，失业工人日渐增多，人民生活十分困苦。为了团结广大工农群众与资本家和地主豪绅展开斗争，陈赞贤走家串户宣传革命思想，号召大家组织起来，打倒地主豪绅。他还创立了赣南工农干部训练班，培训工会、农会骨干。他亲自授课，组织学员学习《唯物史观》《阶级斗争概论》《中国工农运动近况》等，并带领他们到火热的革命斗争中去实践，吸收他们中的先进分子加入共产党和共青团；还指导成立了"青年干社"，创办了赣州《民国日报》，宣传革命主张与进步思想。

陈赞贤领导赣州工人运动，开展罢工斗争，维护工人权益。1926年10月，陈赞贤在现赣州市龟角尾公园召开了赣州总工会筹备处会议。很快，赣州总工会筹备处成立，陈赞贤被推选为筹备处主任。在他的组织和领导下，赣州工人运动迅速发展起来，短短几个月时间内，全市各级职工基层工会相继成立，会员达数万人。1926年11月，赣州总工会胜利诞生，陈赞贤被选为总工会委员长。不到1个月，全市56个基层工会和工会支部如雨后春笋般相继成立。总工会成立后，陈赞贤发动全市工人开展以增加工资、改善待遇、实行8小时工作制为中心内容的斗争，逼迫资本家不得不做出让步。陈赞贤领导工人组织工人纠察队，承担维护工人阶级利益的治安任务，这就引起了一些反动资本家对工会的极端仇视。他们和当地封建势力的反动代表人物刘甲第串通起来，用金钱买通赣县县长郭巩，以种种借口压制工人运动，破坏工会组织，陷害陈赞贤。工人们一气之下把郭巩赶跑了，成立了新的县政委员会，陈赞贤被选为常务委员。面对汹涌澎湃的工人运动，赣州资本家十分恐慌，他们一面收买军队和政府中的右派势力为他们撑腰，一面联络中小地主与工人对抗。他们公然宣称："条件一个也不答应，合同一份也不签。"资本家的行为激怒了广大工人，他们纷纷要求总工会采取革命手段，打退资本家的顽抗。陈赞贤经过深思熟虑，决定首先发动钱业工人开展斗争。他领导组织了赣州工人运动史上第一次有领导有组织的罢工斗争——钱业工人罢工。1926 年 11 月 7 日，钱业店员 300 余人开始罢工，十几个钱庄停止营业，给钱业资本家以沉重打击。在总工会的统一指挥下，各钱庄同一时间全部停业，大门紧闭，门前张贴通告，提出提高工资等要求，赣州工人运动史上第一次由中国共产党领导的罢工斗争拉开了序幕。各行各业和进步团体纷纷声援，震动了赣州城，展现了人民群众的力量。

陈赞贤是不贪财的真革命者，展现了共产党人的风清气正。钱业店员大罢工，使得赣州的资本家惶惶不可终日，城外的豪绅地主也惴惴不安。为了让工人们早日复工，资本家施展出各种腐蚀工人斗志的伎俩，他们一面威逼工人们复工，一面接二连三地发请帖，邀请陈赞贤赴宴。起初，陈赞贤在请帖上批下"敬谢"二字，原件退回。后来他干脆在报纸上登了一则启事："工作繁忙，各界应酬宴会，一律谢绝。"见这一招不灵，资本家又请出了赣州律师公会会长、陈赞贤的小学老师丘恩华登门劝告陈赞贤离开赣州，并提出愿赠 4 万块大洋做盘缠。面对资本家的威逼利诱，陈赞贤答道："我来赣州是全国总工会委派的，想走，我就不来了，只要你们答应工人们提出的条件，我们就复工。"

陈赞贤一心为公，情系人民，践行初心使命。在组织工会和罢工期间，陈赞贤经常深入工农群众中，昼夜操劳，为革命事业呕心沥血。有时外出工作误了吃饭他就吃开水泡饭，伙夫要为他烧火做饭，他总不允许。伙夫感动得逢人就说："我们的委员长想的是替工人谋利益，就是不想自己。"总工会成立后，事务员要给他买新床，他严肃地说："我们的开支是会费收入，会费是工人的血汗钱，我们可不能乱花一个铜板。"当陈赞贤劳累过度病倒时，有人劝他休养，他说："工人们在冲锋陷阵，我怎么能趴下呢！"陈赞贤坚强的革命意志、艰苦朴素的作风和高尚的共产主义情操，使得他在赣州工人当中享有很高威望，大家都说："劳工世代当牛马，从未有人关心过。陈委员长过来，救了多少人，办了多少好事，我们心中有数。陈委员长真是我们劳工的大救星啊！"在陈赞贤的领导下，赣州的工人运动开展得轰轰烈烈，有"一广州，二赣州"之称，受到张太雷、宋庆龄等人的称赞。

陈赞贤不畏强权，彰显了共产党人的风骨。钱业大罢工使赣州市场银根周转失灵，资本家急得如热锅上的蚂蚁。资方抬出赣县县长徐鉴，徐鉴摆出一副公允的姿态劝说陈赞贤："劳资双方均应互相谅解，互相让步，以求平复工潮，进而安定市面。"徐鉴诱导工人接受资方条件，被陈赞贤和工人代表识破。陈赞贤戳穿徐鉴伪善嘴脸，坚持立场，绝不让步。国民党赣县党部决定成立由各界代表组成的临时政务委员会，陈赞贤为3个常委之一。陈赞贤抓住有利时机，发动各革命团体向资方提出抗议，总工会也派出代表敦促资方早定主意。各钱庄资本家迫于形势，不得不全部接受工人的条件，在劳资合同上签了字，罢工斗争取得了胜利。

陈赞贤乘胜追击，推动工人运动深入发展。钱业工人罢工斗争获胜后，陈赞贤又动员全市工人，向资方提出全面签订劳资集体合同。这些资本家见钱庄老板都接受了工人提出的条件，不得不按工人的要求在劳资合同上签了字。工农革命运动的广泛深入开展，是国民革命深入发展的重要标志，符合孙中山"联俄、联共、扶助农工"的三大革命政策。但是，以蒋介石为代表的国民党右派，十分害怕工农革命运动的深入开展，千方百计地对工农革命运动加以限制、破坏和镇压。正当赣州工人运动持续高涨的时刻，国民党右派集团派熊祯到赣州担任县党部指导员。熊祯一到赣州，就纠集地方反动势力，指使洋货资方撕毁劳资合同。针对这一情况，陈赞贤又组织 1000 多名洋货业店员，于 1926 年冬举行了大罢工，与敌人展开针锋相对的斗争，扩大了工人运动的影响力。

国民党右派制造事端，企图扑灭工农运动之火。1926 年 12 月初，蒋介石从南昌派遣国民革命军新编第一师进驻赣州，师党部代表倪弼是蒋介石的亲信，师政治部秘书胡启儒是国民党右派骨干。国民党赣县县长由 AB 团骨干分子郭巩充任。倪弼、郭巩等一到赣州，首先解散了"左派"色彩浓厚的赣县临时政务委员会，接着他们大肆制造谣言，中伤赣州总工会委员长陈赞贤，并连续制造事端，蓄意制造工人与学生之间的矛盾，恶化劳资关系。国民党右派在赣南的一系列反革命活动，使赣南局势出现了严重危机，遭到共产党人和工农群众的坚决反对。熊祯见赣州工人罢工来势凶猛，怕重蹈徐鉴的覆辙，便唆使大资本家推派代表赴省城，向蒋介石鸣冤叫屈，请求蒋介石派兵来镇压工人运动。蒋介石立即命令倪弼率国民革命军新编第一师进驻赣州。倪弼等在赣州网罗地方反动势力，结成联盟，名为驻防整训，实为以武力镇压工农革命做准备。倪弼四处煽动："赣州工人甚好，就是受了陈赞贤的挑唆。你等打倒陈赞贤，我当来指导你等。"倪弼使尽花招，却一无所获，便蓄意制造摩擦，寻衅滋事。1926 年 12 月 30 日，洋货业几名店员到省立第二女子师范学校看文明戏，大资本家刘甲弟的妹妹恶意阻拦，双方争吵起来。倪弼立即指使人乘机捏造了所谓"二女师事件"，反诬陈赞贤怂恿工人侮辱女学生，召集一批资本家的女儿上街，声言要"惩办肇事工人，解散洋货业工会"，借此掀起轩然大波，妄图扑灭工人运动的火焰。

中共赣州支委与陈赞贤一道坚持斗争，并揭露国民党右派破坏革命的行径。新编第一师内部的共产党员和左派军人，对倪弼到赣州后的胡作非为极为愤慨，曾当面斥责他摧残工人运动，违背国共合作的"三大政策"，联名致信北伐军总司令部，要求将倪弼撤职查办。可是，蒋介石倒行逆施，撤换了在军中担任重要职务的共产党员和左派军官，大肆排除异己。这使得倪弼等人气焰更加嚣张。他们设下圈套，召开赣州各团体负责人联席会，准备在会上逼迫陈赞贤接受二女师提出的无理要求，解散洋货业工会，如若工人不应允，就用"人民裁判委员会"的名义"审判"陈赞贤。陈赞贤早有准备，拒绝出席会议，倪弼的阴谋未能得逞。1927年1月26日，阴谋败露后，倪弼甚至公开出动军队包围和搜查了赣州总工会，企图逮捕陈赞贤。针对复杂形势，当晚中共赣州特别支部召开紧急会议，决定派陈赞贤率领赣州工人代表团连夜离开赣州，前往南昌参加江西省第一次工人代表大会，并向北伐军总政治部呼吁制止倪弼等人的倒行逆施，捍卫国共第一次合作的革命统一战线。倪弼等见阴谋未得逞，非常气恼，当夜派反动武装搜捕总工会办事人员，通缉陈赞贤等人。事发之后，赣州各工会代表向国民党南昌市党部请愿，坚决要求撤换倪弼，取消对陈赞贤等人的通缉令。蒋介石对工会的要求置之不理，扣压不办，同时玩弄两面手段，面上说要将倪弼调走，暗下却授意倪弼等人继续摧残革命，并增派反动军官去赣州，布置了更大的屠杀计划。

陈赞贤具有不惧生死的革命大无畏精神，"我陈赞贤死了，还有第二个陈赞贤"。1927年1月27日拂晓，陈赞贤化装成伙夫，走出赣州城，奔赴南昌，参加了江西省第一次工人代表大会，并当选为新成立的江西省总工会副委员长。会议刚结束，他就决定返回赣州，继续领导赣州工人运动。省里的同志考虑到赣州形势险恶，劝其暂留南昌。陈赞贤坦然地说："革命应有牺牲精神，个人生死不足为惧，我陈赞贤死了，还有第二个陈赞贤。"他不顾个人安危，将生死置之度外，毅然回到了乌云密布、杀机四伏的赣州。

陈赞贤敢于斗争，继续推动江西省与赣州市工人运动发展。1927年3月1日，在赣州体育场召开的盛大欢迎会上，1万多工人参加大会，陈赞贤报告了江西省第一次工人代表大会的盛况，号召全体工人进一步团结起来，为工人阶级谋利益。陈赞贤还坚定地表示，此次回赣州要坚决与反动势力斗争到底，同反动势力作殊死搏斗。他的英勇气概，使工人群众士气大振。工人们受到极大鼓舞，会场上不断爆发出激昂的口号："拥护陈委员长！打倒新军阀！工农革命万岁！"以陈赞贤为代表的赣州总工会，领导工人阶级继续坚持斗争。

国民党右派发动反革命政变，陈赞贤被捕。赣南工农运动的蓬勃发展，打击了帝国主义势力和封建军阀的反动统治，也引起了国民党右派的恐慌，国民党右派对工农革命运动大肆破坏。1927年3月6日晚，陈赞贤在总工会开会，筹备孙中山先生逝世两周年纪念活动。突然，新一师秘书胡启儒闯进来，说有急事相告。陈赞贤刚走出会议室，就被几名便衣武装在军队的掩护下绑架至赣县县政府。当开会的工人们急忙出来阻拦时，总工会的大门已被反动武装封锁，沿街岗哨密布，全城戒严，陈赞贤被诱骗、绑押到伪赣县公署西花厅，形势危急。

陈赞贤大义凛然，拒绝签字，用生命捍卫工会。当陈赞贤步入县公署时，倪弼当即出示蒋介石"改组赣州总工会，严办工会委员长陈赞贤"的密令，逼迫陈赞贤签字解散工会。凶神恶煞的倪弼、郭巩等人一见陈赞贤就如狼似虎地吼叫："你是奉了谁的命令到赣州来办工会的，知不知罪？"并限陈赞贤3分钟内签字解散赣州总工会。赣县县政府里，倪弼等人疯狂鼓噪，攻击陈赞贤"制造阶级斗争""扰乱治安""破坏社会秩序"。陈赞贤用冷峻的目光扫视群魔，如同一尊庄严的塑像，巍然屹立，厉声斥责道："奉谁的命令来赣州办工会你们管不着。我从事工农运动根本没有罪；你们欺压民众、破坏革命才是犯了滔天大罪！"倪弼等暴跳如雷，再三逼迫他签字。陈赞贤铁骨铮铮、义正词严地怒斥说："头可断，血可流，解散工会的字我不签！"陈赞贤以自我牺牲捍卫工人阶级利益，天人共鉴。跨越百年党史长河，陈赞贤的这句话依然具有强大的震撼力，体现了中国共产党人坚定的共产主义信仰。

国民党右派制造赣州"三六"惨案，陈赞贤英勇牺牲。穷凶极恶的倪弼叫嚣："蒋总司令有令在此，今晚要枪毙你！"而一旁急不可耐的反动军官胡启儒、陆剑鸣等向陈赞贤开枪射击，陈赞贤中弹不倒，向敌人傲视，不断高呼"中国共产党万岁""赣州总工会万岁""打倒帝国主义、打倒蒋介石新军阀"的口号。听到这些口号，这伙凶恶的刽子手们又纷纷开枪，陈赞贤身中十八弹，倒在殷红的血泊之中，赣州工人的领袖、党的好干部陈赞贤壮烈牺牲，年仅31岁。这就是国民党右派制造的震惊全国的赣州"三六"惨案，也是国民党蒋介石公开背叛革命打出的反共反人民的第一枪。

中国共产党早期工人运动领袖、中共赣南地方组织的创建人之一陈赞贤，用鲜血和生命谱写了赣州工人运动的壮丽篇章。"三六"惨案是蒋介石公开背叛革命的起点，也是上海"四一二"反革命大屠杀的先声。1927年，蒋介石从赣州开始，到南昌、九江，再到上海，一路走，一路杀，血腥屠杀共产党人和工农革命群众。蒋介石的反革命面目彻底暴露，他对共产党人、革命群众进行了灭绝人性的大屠杀，背叛了革命，大革命面临失败的危险。而陈赞贤同志是在蒋介石背叛革命与血腥屠杀下牺牲的第一位共产党员、工人领袖。

全国社会各界请愿抗议，声讨国民党右派破坏工农运动的行径。陈赞贤惨遭杀害的噩耗传出后，赣州工人、农民、学生无比悲痛和愤慨。1927年3月7日，赣州总工会决定全市罢工3天，哀悼陈赞贤，抗议国民党右派的暴行。同时，赣州总工会派出两个请愿团，分赴武汉、南昌请愿，向武汉国民政府、北伐军总司令部和国民党江西省党部强烈要求惩办凶手，讨还血债，公祭烈士，抚恤烈士家属，改编并调离国民革命军新编第一师，严禁干涉工人运动，声讨国民党右派破坏工农运动的罪行。

全国和全省各革命团体也纷纷通电哀悼、发表声明宣言，坚决支持和声援赣州工人阶级。中共中央机关刊物《向导》和其他进步刊物，纷纷刊载烈士被害真相和悼念文章，中华全国总工会发出《反对赣州驻军枪杀工人领袖》的通电，号召"全国同胞，一致愤起力争，以救革命危机"，江西省总工会还成立了"陈赞贤惨案委员会"。1927年3月15日，刘少奇在汉口《民国日报》发表《论陈赞贤同志在赣被害事》，指出中国共产党是群众的领袖、群众的先锋队，置身工农群众中的党员能够成为群众的领袖，"是由于我们的党员能够了解群众，能够牺牲自己，最忠实地为群众的利益而斗争，能够说服群众，能够在长期的斗争中证明我们同志的主张是正确的"。郭沫若在《中央日报》发表的《请看今日之蒋介石》记叙了"三六"惨案的经过，揭露了蒋介石背叛革命的罪恶行径。全国各地工农和革命团体称赞陈赞贤是为革命英勇牺牲的工人领袖。赣州惨案发生后，全国各地革命群众纷纷成立"陈赞贤惨案委员会"，赣州总工会还组织了200多人的请愿团分赴南昌、武汉，向国民政府提出控诉，愤怒声讨蒋介石的反革命罪行。汉口和南昌各革命团体纷纷组织革命群众上街游行示威，声援赣州工人的请愿。

毛泽东肯定陈赞贤的壮举，号召继续斗争。1927年3月16日，武昌举行了追悼死难烈士大会。当时正在武昌的中共中央农民运动委员会书记毛泽东，在武汉中央农运讲习所举行的追悼会上发表演说："在这革命势力的范围内，竟不断地演出惨杀农工的事实，由此可证明封建的残余势力，正准备着秣马厉兵，向我们作最后的挣扎啊！从今日起，我们要下一决心，向那些反动分子势力进攻，务期达到真正目的。"在追悼大会上，

赣州各界公祭陈赞贤烈士

毛泽东对陈赞贤烈士给予了很高的评价，号召工农群众要敢于向反动势力斗争。

赣州各界人民和各县工会、农协、学生会等革命团体，沉痛悼念陈赞贤，决心继承烈士遗志，前仆后继，坚决与国民党右派和豪绅地主资本家斗争到底。1927年4月10日，赣州各界人民在明伦堂（今阳明路）公祭陈赞贤烈士。4月13日，赣州各界在卫府里举行陈赞贤烈士追悼大会。

会后，近万人的送葬队伍浩浩荡荡地将烈士灵柩送至东门外，然后由赣州300余名工人纠察队扶灵送回烈士原籍南康县。南康县各界人士和群众整队前来潭口迎接灵柩到南康县政府中堂凭吊，后将烈士安葬于家乡东山蓝田渡。

工农群众继承遗志，继续斗争。国民党右派制造"三六"惨案，并没有吓倒赣南的共产党人和工人群众。刽子手的暴行更激发了赣南人民前仆后继、不怕牺牲、坚决斗争的英勇气概。在悼念陈赞贤时，中共赣州地委书记朱由铿写的挽联是："为你报仇！"赣州总工会代委员长钟友仟写的挽联是："你死我来，看他怎样！"愤怒的群众抓来工贼曹厚清，在赣州卫府里用梭镖将他刺死，以祭奠烈士。中共赣州地委和各县党组织，以及各群众团体，面对敌人的屠刀，踏着烈士的血迹，继续领导赣南的工农群众与国民党右派和土豪劣绅进行不屈不挠的斗争。

蒋介石彻底叛变革命，轰轰烈烈的大革命失败。迫于全国上下愤怒抗议的强大声威和压力，蒋介石不得不假惺惺地将倪弼免职查办，背地里却更加狰狞地举起屠刀杀向工农群众。1927年4月12日，蒋介石公开发动反革命政变。1927年7月15日，汪精卫在武汉召开"分共"会议，叛变革命，大革命失败，国共第一次合作失败。从1927年3月到1928年上半年，被杀害的共产党员和革命群众达31万人，工农运动陷入低潮。

陈赞贤在赣州领导的工农运动，为井冈山与赣南闽西革命根据地的开辟奠定了深厚的群众基础。面对蒋汪的革命叛变与血腥屠杀，党中央决定以革命的武装反抗。1927年8月7日，中共中央政治局在汉口召开紧急会议（八七会议），彻底清算了陈独秀的右倾机会主义错误，确定了实行土地革命和武装反抗国民党反动统治的总方针。从此，以毛泽东为代表的中国共产党人，在江西这片红色土地上相继发起南昌起义、秋收起义，以武装的革命反抗武装的反革命，并建立了井冈山与赣南闽西革命根据地；工农武装经过三湾改编、古田会议等后，逐渐成为中国共产党领导的人民军队；在江西赣州瑞金成立中华苏维埃共和国，中国共产党开始了局部执政的尝试。这些共同形成了近代江西波澜壮阔的红色革命斗争史。显然，以陈赞贤为代表的赣州工农群众的革命斗争，为井冈山革命根据地的开辟、中央苏区的创建和工农武装的壮大奠定了群众基础，广大工农群众在大革命中得到了锻炼，推动了中国革命形势的继续向前发展。

新中国成立后，正义得到伸张。1927年3月6日，倪弼、郭巩等残杀陈赞贤后，当天夜晚就逃离了赣州。1949年赣州解放后，倪弼、郭巩等刽子手落入法网，被赣州市人民政府处决。在宣判大会上，人民政府贴出巨幅对联："白色恐怖赣水寒，壮士成仁，一片丹心垂青史；红光闪耀江山秀，匪首正法，万民称快慰忠魂。"

在现江西省赣州市南康区的东山公园里，一座墓碑坐落亭中，背倚青山，庄严肃立。拾级而上，只见亭上刻着"鞠躬尽瘁死而后已，取义成仁万载传"。这正表达了后人对革命先烈陈赞贤的深切缅怀和崇高敬意。

陈赞贤同志的革命精神与坚定信仰，是江西红色文化的重要组成部分，是豫章师范学院百年红色校史的重要篇章。陈赞贤是国民党背叛革命后血腥屠杀的第一位共产党员，载入近代党史与革命史。他用鲜血和生命谱写了工人运动的壮丽篇章，他用精神与信仰彰显了中国共产党人的初心和使命。新中国成立后，赣州人民深切怀念陈赞贤，在烈士当年开会活动的地方八境台，修建了"陈赞贤纪念亭"。陈赞贤的光辉事迹将永远铭刻在人民心中！陈赞贤不为财所动，坚定信仰，坚持工农运动，敢于斗争到底，为了革命事业不惧威胁，一身正气，壮烈捐躯。他的革命精神载入史册，激励了一批批后来人前赴后继，更激励了新时代豫章师范学院学子继承先烈遗志，增强"四个意识"、坚定"四个自信"、做到"两个维护"，沿着校友的革命道路听党话、跟党走。

附：拓展资料 ◎

陈赞贤诗一首：

无题 ①

清明道上湘桂天，
劳师鼓乐到军前，
遥忆家乡此日里，
墓田到处飞冥钱。

播撒火种倾热血："做个好党员"倡导者冯任

江西党史是中国共产党历史的重要组成部分。党的地方组织在江西的发展先后经历了"改造社"的成立、中国社会主义青年团南昌地方团的建立、中共南昌特别支部的建立、江西党组织的发展和重建等阶段，为抗日战争的胜利和新中国的成立作出了巨大贡献。冯任作为江西早期党团组织的重要领导人、中共早期革命活动家，在党的建设初期担任重要职务，积极推进党团组织建设，为党的初期建设作出了重要贡献，是党史上较早提出"要做个好党员"的人。

（一）党的地方组织在江西的发展概略

1. "改造社"的成立

1919年5月6日，九江各界得知北京爆发五四爱国运动后，当即致电北京政府，声援进步青年和学生。5月12日后，南昌省立农专、工专等17校的3000余名学生、赣州3000名学生及吉安、抚州、萍乡、宜春等地学生开展了游行集会声援爱国运动。

6月3日后，江西的工人阶级也投入声援五四运动的斗争中。6月12日，九江码头工人、南浔铁路工人、南昌昌北码头工人及赣州、萍乡、抚州等地数千名工人亦纷纷罢工。在工人罢工、学生罢课的影响下，九江、南昌等地许多商号先后自动停业罢市。五四运动在江西突破了青年学生和知识分子的范围，发展为以工人阶级为先锋的工、学、商联合的群众性爱国运动。

随着五四运动的开展和马克思主义在全国的传播，江西在外求学求职的袁玉冰、赵醒侬、方志敏、曾天宇等一大批先进知识分子，阅读了大量马克思主义著作，成为坚定的马克思主义信仰者。他们返回江西后，建立革命团体，创办革命学校，出版进步刊物，使马克思主义在江西得到迅速传播，为中国共产党在江西建立组织作了思想上的准备。

1920年夏，在南昌二中就读的袁玉冰、黄道等8人建立了江西第一个革命团体——鄱阳湖社，同年12月，更名为"改造社"，袁玉冰为主要负责人，截至1922年底社员发展到上百人。"改造社"的宗旨是改造社会，使黑暗的旧江西变成一个光明的新江西。"改造社"成立不久，袁玉冰等便创办了社刊《新江西》。袁玉冰在《新江西》第三号上发表了10余篇文章，对马克思主义进行了全面介绍。

1922年9月，由方志敏任经理的南昌文化书社正式开张。书社专卖马克思主义书籍和其他革命书报，为江西青年学习马克思主义提供了方便。1924年，曾天宇受党的委派，回江西开展革命活动，不久，在南昌创办了黎明中学和明星书社，出版《黎明》杂志，开展新文化运动，传播马克思主义，为在江西建立地方党团组织作了思想上的准备。

2. 中国社会主义青年团南昌地方团的建立

中共江西地方组织建立始于团的建立，江西地方团的创始人是赵醒依，协助建团的是方志敏和袁玉冰。

1922 年 11 月，赵醒侬接受党中央和团中央的委派，从上海来到南昌开展革命活动。赵醒侬会同先期来到南昌的方志敏，以南昌文化书社为活动据点，开展建团的筹备工作。

1923 年 1 月 20 日，赵醒侬在南昌文化书社召集团员开会，宣布建立中国社会主义青年团南昌地方团（当时称江西地方团，后改名）。刘拜农、刘五郎、刘修竹、陈之琦、赵履和等人到会。按照当时团章规定，团员不足 30 人不能设立地方委员会，只推荐刘拜农为临时书记。

南昌地方团建立后，便开始积极开展革命活动，壮大团的组织。1923 年春节过后，南昌各学校开学，袁玉冰和方志敏等回到南昌。赵醒侬、袁玉冰、方志敏等人经过研究，决定立即开展以下几项活动：一是根据北京等地的经验，组织民权运动大同盟和马克思学说研究会，作为团进行公开活动的组织；二是在九江、鄱阳、丰城 3 个工业区内发展团组织，建立团支部，吸收青年工人入团；三是督促开展工人运动；四是把《新江西》季刊和《青年声》周报作为宣传马克思主义的报刊。

袁玉冰、方志敏同改造社南昌分社负责人崔豪一道，把《青年声》周报办成战斗性很强的报纸，经常发表文章抨击北洋军阀集团对江西的黑暗统治。"二七"惨案发生后，南昌地方团动员各社团发出通电，谴责吴佩孚等残酷镇压京汉铁路工人的暴行，声援京汉铁路工人的罢工斗争。

此外，袁玉冰在南昌广泛联络进步青年，组织了民权运动大同盟和马克思学说研究会，作为团组织下公开活动的组织。随着团组织的不断扩大，新团员的不断增加，赵醒侬十分注重思想教育，经常在南昌和九江邀集改造社社员、中学学生、青年工人和店员开谈话会，向他们宣传革命道理，进行马克思主义教育，为发展新团员物色对象。到 1923 年 3 月初，团员发展到 21 名。但同时，由于北洋军阀江西督军蔡成勋的破坏，团的活动被迫停止。10月中旬，奉团中央指示，赵醒侬再度返昌，重新恢复南昌团地委，赵醒侬为委员长。到1926年3月，全省建立了安源、南昌、九江等11个地方团组织，其中安源、南昌、九江、吉安为团地委，其余为特支，团员总数400余人。

3. 中共南昌特别支部的建立

1922年1月，安源第一所工人补习学校开办，2月中共安源支部成立。安源党组织的建立标志着马克思主义同江西工人运动相结合的实现。

马克思主义和工人运动相结合，为南昌地方党组织的建立奠定了思想和阶级基础。1923年10月，赵醒侬回南昌建立南昌团地委时，党中央就有在南昌筹建党组织的期望。1923年11月，党中央认为，在江西建党的条件已经具备。

1924年2月，赵醒侬、邓鹤鸣在上海接受了党中央关于适应新形势，推动大革命运动高潮，筹建中共江西地方组织的指示。同年4月，赵醒侬、邓鹤鸣作为国民党江西省党部的筹备员回到江西，在筹备国民党临时省党部的同时，筹建中共江西地方组织。他们首先发展了方志敏、傅清华等团员入党。经过短时间筹备，1924年5月，中共南昌特别支部成立，赵醒侬任书记，由中共中央直接领导。1925年7月，中共南昌特别支部成立干事会，赵醒侬、邓鹤鸣、许鸿3人为干事，赵醒侬任支部书记兼组织干事。

中共南昌特别支部是继中共安源路矿支部之后，在江西建立的第二个党组织，也是负有领导全省革命斗争重任的党组织。中共南昌特别支部的成立，是近代南昌革命历史上一个极为重大的事件。南昌人民从此有了党的坚强领导，同时也预示着新的革命浪潮的来临。

之后，南昌部分郊县也成立了党的组织。1926年11月中旬，中共安

豫章师范学院百年校史十讲

义县小组在万埠成立。1926年12月，中共安义县支部在万埠积谷仓成立。1927年4月，中共南昌近郊特别支部在罗家佛塔村成立。

中共南昌地方组织建立后，为传播革命思想，同时便于党组织开展工作。赵醒侬等在南昌筹办明星书社，书社名有"启明星"之意，喻指革命思想像启明星那样驱散黑暗、光照人间。明星书社是由中共中央开办的上海书店在江西设的点，对外销售《新青年》《向导》《共产党宣言》等书刊和江西进步学生办的刊物。在1924年6月开张营业后，明星书社成为南昌进步青年常去的地方。开办书社的同时，赵醒侬决定创办黎明中学，以培养革命干部。

中国共产党南昌地方组织的建立，是近代江西史上的一件大事，不仅为近代南昌历史注入了新的政治、思想和文化基因，也为身处迷雾中的南昌人民点亮了无产阶级革命的明灯，南昌人民的革命斗争从此有了坚强的领导核心。

4. 江西党组织的发展

中共南昌支部是负有领导全省革命斗争重任的党组织，揭开了江西革命斗争史新的一页。为适应革命形势、完成党的任务的需要，中共南昌支部加强了对全省工作的领导，决定在赣江沿岸和南浔铁路沿线的南昌、九江、吉安等城市发展党员，建立组织。

1926年4月，经中共中央批准，中共江西地方执行委员会在南昌成立，罗石冰任书记，赵醒侬任组织部主任，方志敏任工农部主任，下辖三个支部：南昌支部党员18人，九江支部党员5人，吉安支部党员42人。到5月，党员发展到105人。10月，中共江西地委在全省14个县建立了组织，6个县设立了通讯员，党员人数除安源外，其他县都发展到500余人。

党中央于1926年12月在汉口召开特别会议后，根据会上通过的湘鄂赣粤四省党务决议案，中共江西地方执行委员会改为中共江西区委，刘峻山任书记，李富春任军委书记，傅烈任组织部主任，袁玉冰任宣传部主任，方志敏任农委书记，蔡畅任妇委书记。区委下辖九江、吉安两地委和若干支部，党员近 900 人。

1927 年 4 月，党的五大召开。根据五大党章关于各省均设立省委的规定，5 月底，中共江西区委改为中共江西省委，中央指派罗亦农为书记。7 月 21 日至 23 日，中共江西省委在南昌松柏巷省立女子师范学校内召开了中共江西省第一次代表大会。到会代表 60 余人，代表全省 5100 名党员。汪泽楷当选为省委书记，陈潭秋为组织部主任，宛希俨为宣传部主任，曾延生为工委主任。

5. 江西党组织的重建

1938 年 1 月 6 日，根据中共中央决定，中共中央东南分局在南昌成立，项英任书记，曾山任副书记兼组织部部长，黄道任宣传部部长，涂振农任统战部部长，陈毅任军事部部长，陈丕显任青年部部长，陈少敏任妇女部部长，陈再励任民运部部长，李一氓任秘书长。

东南分局领导江西、安徽、浙江、福建等省和新四军中的党组织。因为东南分局驻地未设省委，所以江西各地党组织直属东南分局领导。除调整原有党组织外，东南分局还建立了中共南昌市委和中共赣江河流总支等党组织。

中共南昌市委 1938 年 2 月成立时称南昌市临时工委，曾山兼任书记，后沈鹰任书记，余昕任副书记兼组织部部长，李照贤任中共赣江河流总支书记。

1938 年 8 月，中共江西省委在南昌秘密重建，省委机关设在新四军驻赣办事处内，曾山任省委书记，涂正坤任副书记，曾金声任组织部部长，黄道任宣传部部长，邓振询任民运部部长，李坚真任妇女部部长，钟效培任青年部部长，郭潜任秘书长。至此，党员由新四军军部离开时的 1300 人发展到 1.2 万人。

6. 对全国抗战作出了巨大贡献

抗战开始后，中共江西地方组织坚决执行中共中央抗日民族统一战线政策和全民抗战方针，争取和团结各阶层、各党派、各方面人士投身抗日斗争，领导广大江西人民开展轰轰烈烈的抗日救亡运动。

抗战初期，江西主要的救亡团体有以王枕心、夏征农等为主要负责人的江西青年抗日救亡服务团，以周平非等为主要负责人的江西省乡村抗战巡回宣传团，以余仲言为主要负责人的吉安七七读书会，以陈丕显为书记、杨斌为总队长的抗日民族解放先锋队东南队部，以周国钧、杨时轩为主要负责人的江西抗敌后援会青年分会，以杨洪等为主要负责人的江西青年战时工作团以及江西省青年救亡协会、宣慰团等，此外，还有以薛暮桥、夏征农、朱克靖等为发起人的南昌文化界救国会，以罗孟文、王贤选为领导人的赣江木船工人救国会，以叶进明、忻元锡为首的上海煤业救护队，以路易·艾黎为主任的"东南工合"，以姚显微为团长的国立中正大学抗日战地服务团等民众救亡团体。

在党组织的领导下，各救亡团体纷纷行动起来，投身抗日救亡运动。他们走上街头，深入工厂、农村，散传单、演话剧，宣传抗战，动员民众投身抗战；有的还深入抗敌前线，慰劳将士，护理伤病员，鼓舞士气。

党组织在领导救亡团体开展活动的同时，还协助进步人士开设旨在宣传进步思想的"生活书店"，并主办或指导出版宣传抗战的进步出版物《青年团结》半月刊、《江西青年》、《抗战》月报、《政治情报》半月刊、《妇声》月刊、《江西妇女》、《动员》旬刊，大力宣传抗战。

14 年中，由于江西军民的英勇抗战，全境始终没有完全沦陷，基本上守住了境内相对稳定的对日作战线、相持线，且迫使日军驻赣兵力长期保持在 10 万人以上，打乱了日军的兵力部署，对支持东南战场乃至全国抗战作出了巨大贡献。

（二）冯任在党的建设初期发挥的作用

冯任先后担任共青团南昌地方委员会书记，中共江西省委常委兼秘书长、省委宣传部部长，中共赣西特委书记、中共湖北省委常委、宣传部部长兼农委书记、代理省委书记、省委秘书长等重要职务。他积极推进党团组织建设，撰写《怎样做个好共产党员》，提出共产党人应遵守的二十二条守则，为党的建设初期发挥了重要作用。

冯任

1. 积极推进党团组织建设

冯任在江西省立第一师范学校学习期间，积极参加进步社团活动，传播进步思想，成了一名坚定的革命者。

1924 年 3 月，中共南昌特别支部成立。4 月，根据特支安排，冯任发动组织海员工会，被推举为江西海员工会主席。5 月，他加入中国社会主义青年团，由于他出色的工作组织才能，于同年 6 月转为中国共产党党员。同年夏，中共江西地方组织在南昌创办明星书社，冯任被选派到书社协助经理曾天宇工作。书社引进和出售大量进步书刊，如《向导》《新青年》《野花》《新江西》《时代之花》《红灯》等，吸引了大批青年。

"五卅"惨案后，全国各地掀起了反帝爱国运动高潮，江西军阀加紧了对革命活动的镇压。1925年12月，江西党组织负责人赵醒侬等被军阀逮捕，明星书社等革命团体相继被封，南昌团地委领导人或被捕或转移。面对恶劣的环境，一些人纷纷躲避，冯任却临危受命，毅然代理青年团南昌地委书记的职务，四处奔走，领导省城共青团员坚持革命斗争，营救赵醒侬等人。1926年1月19日，冯任在南昌主持召开了全体团员大会，针对白色恐怖中暴露出来的团的工作的缺点，组织大家讨论如何在逆境下开展工作和巩固发展团的组织，讨论寒假期间各学校留校和返乡的团员工作等问题。冯任亲自制定工作计划、农村调查、读书报告等表格，分发各团员，要求团员将执行情况每两周向地委报告一次。他指定若干团员去城市附近农村调查农民生活状况，并在可能范围内组织农民团体，同时要求回乡度寒假的团员深入农民从事农村工作。会议结束后，冯任起草了《团南昌地委报告——关于反动派迫害进步势力情形》，向团中央报告南昌的形势、赵醒侬等被捕的经过以及近期工作；之后又多次向团中央写报告，并积极主动部署团南昌地委的工作，保证了团的工作正常进行。

　　1926年2月，共青团中央委员会正式指令冯任担任第六届南昌团地委书记。3月，团地委改选，冯任当选为团地委组织部主任。他积极执行团中央指示，纠正右倾保守倾向，使江西共青团组织发展很快。据1926年5月底统计，支部由原先的9个发展到12个，团员由原来的55人增加到147人。

　　1926年夏，冯任从江西省立第一师范毕业，从此走上了职业革命家的道路。他受党组织派遣，前往九江指挥赣北各县建立工会、农会等革命团体，肩负起发展党团组织及海员工会，领导赣北人民迎接北伐的重任。10月，北伐军数路并进，计划在赣北全歼军阀孙传芳的主力。冯任组织九江海员工人破坏孙传芳的作战部署，这一行动沉重地打击了孙传芳，有力地支援了北伐军。11月，北伐军攻克九江，中共江西地委派曾延生来九江，冯任配合他将中共九江特支改组为中共九江地委，并公开建立起以共产党人为骨干的国民党九江市党部。1926年12月，中共江西地委扩大为中共江西区委，他被调回南昌担任中共江西区委秘书。

　　1927年7月21日，中共江西省第一次代表大会在南昌召开，冯任当选为省委委员兼省委秘书。8月1日，南昌起义爆发，在此期间，冯任动员广大民众支持起义军。8月3日，南昌起义部队开始撤离南昌向广东进军。省委决定多数党团员随起义部队南征，少数党员转入地下坚持斗争。省委考虑到冯任没有暴露身份，又熟悉各地党团组织情况，遂决定让其留下从事地下工作。此时，江西各地党团组织和革命团体负责人都遭到国民党反动派的通缉，党的组织或停顿或解体，一片混乱。共产党员有被杀害的，有动摇脱党的，有叛变投敌的，但更多的是逃亡他乡暂时隐蔽起来。联络各地失散的党员、指导各地党员安全转移、整顿恢复各地党的组织，是摆在省委面前的一项重要任务。江西省委其他几个负责人都是刚转到江西的，对江西的情况不熟悉。因此，联络各地失散的党员、整顿恢复各地党的组织的任务，主要就落在了冯任的身上。随着省委机关的频繁转移，冯任在南昌六眼井的三益巷、黄家巷和松柏巷等一些阴暗简陋的房子里，接待安置各地来的党员，并采取对调等形式，让他们易地继续进行地下活动。他还为省委起草文件，指导各地隐蔽下来的同志如何在逆境中恢复和发展党的组织。11月，根据中央政治局的决定，省委取消各部，设秘书处和组织、宣传、军事、交通四科，冯任为省委秘书长，管理各科，全面负责省委机关工作。12月16日，中央政治局根据江西省委书记陈潭秋的意见，增补冯任为省委常委。

　　1928年初，江西省委只有陈潭秋、冯任两人主持省委日常工作（其他同志或去中央开会，或外出巡视工作），冯任协助陈潭秋把省委的各项工作组织得有条不紊，具体指导了赣西南、赣东北各县党的工作，并及时将江西的情况向中央报告。3月，他针对江西党员中存在的问题，起草了《共产党守则二十二条》（后改为《怎样做个好共产党员》），提出从严治党。这是江西省委对党员进行思想教育的重要教材，对江西省党的建设起到了指导作用。5月初，冯任根据中央的指示精神，到方志敏、邵式平领导的弋（阳）横（峰）等地巡视了一个多月，恢复了省委与弋横等地党组织的联系。

1928年12月上旬，中共江西省第二次代表大会在湖口县王燧村召开。冯任作为代理省委书记负责大会的筹备和召开，主持起草并代表省委作了工作报告。会议选举了新的省委，冯任当选为中共江西省第二届委员、常委兼宣传部部长。此时，冯任对苏维埃区域工作的重要性，已有一定的认识。会后，冯任起草了《中共江西省委赤字通告（第一号）——全省第二次代表大会的总结与精神》，向全省各级党的组织传达全省"二大"精神，提出党的任务和斗争策略，特别强调了苏区加强党的组织和思想建设的重要性，指出要加强党的教育训练工作，提高党员的政治水平，在实际工作中努力培养新的工农干部人才，开展支部生活，等等。这些思想，对推动中共江西省委领导下的武装割据区域的发展产生了重要影响。

1929年3月，由于中共六大片面强调领导层增加工农分子的精神以及冯任本人的要求，省委决定将冯任改为候补常委，调任中共赣西特委书记。4月，他到达赣西后，针对党组织遭受严重破坏、基本处于停顿状态的情况，先后派出5名巡视员去泰和、吉水和吉安的东固、延福等地恢复和整顿党的组织，健全了吉安、吉水县委，并于5月主持召开了中共赣西第一次党员代表大会，改组了特委。

在赣西工作的半年中，冯任坚持把"秘密工作和山区武装斗争结合起来"，使城市工作、农村工作、组织建设与武装斗争均有较大的发展。在吉安城发展了 30 多个行业赤色工会，恢复和建立了炭业、米业、码头、烟业、厨业、士兵等 12 个党支部，由支部联席会议产生吉安区委，由特委常委兼任区委书记，先后发动了炭业与码头工人大罢工。在农村，冯任集中特委主要力量领导赣西全境的斗争，并亲自领导水东支部发动水田兑租、抗租抗债的斗争，取得了胜利。在军事上，冯任对红二团进行整顿，重建了团党委和第一游击大队特支，组织了第二游击大队，加强了政治、军事训练，提高了部队战斗力；还多次告诫红二团和一、二大队负责人，要加强游击战，在武装斗争中发动群众，扩大赤色区域。在工农运动和武装斗争中，党的组织得到迅速恢复和发展，到 1929 年 9 月，恢复和建立了吉安、吉水、万安、泰和县委，红二团团委，新余、峡江、永丰、安福、分宜和一大队特支，全赣西有党员 2200 余人；同时，还迅速沟通了党中央、省委与前委、边特、南特的联系，使这个"枢纽"又得以正常运转。对于冯任在赣西的工作，中共江西省委在给党中央的多次报告中都一再予以表彰。

半年后，省委为落实中央"推动全国总暴动"的指示和加强各地军事工作的布置，将冯任由赣西调回省委任巡视员，10 月底，派往赣南指导工作。由于叛徒出卖，江西省委遭到了严重破坏。冯任发现情况异常，遂从赣南赶回南昌。但此时的南昌，省委工作已完全停顿，连来往同志住的地方都无法安排。为了恢复省委部分工作、联系部分同志，冯任亲赴各地安排工作，直至数次遇到叛徒，无法立足，方于 12 月 20 日由九江赶赴上海，向中央反映情况。在上海短短 6 天内，他向中央写了近万字的书面报告，字里行间展现了一名年轻共产党人临危不惧、对党的事业一片赤诚的崇高精神。他在报告中怀着对革命的坚定信念，驳斥了一些人的悲观论调，满怀信心地说："我认为恢复省委工作不是绝对没有办法，而是要艰难困苦耐心点。"冯任年纪虽轻，但通过革命实践已经成长为一名成熟的无产阶级革命家。

1930 年初，为恢复被敌人严重破坏的湖北省委，受中央委派，冯任任中共湖北省委常委、宣传部部长，协助省委书记欧阳洛工作。冯任到任后，以常委身份分担了欧阳洛的部分工作。首先，整顿机关工作秩序，明确内部分工，使之各司其职，以避免工作人员忙闲不均。他根据自己到任后了解到的湖北省委领导的实际情况，要求中央派得力的干部来加强湖北省委。其次，纠正省委的错误观念，健全保密制度，强调秘密工作纪律。在十分险恶的环境中从事党的地下工作，需要建立严格的秘密工作纪律，这是冯任到武汉后迫切需要解决的问题。冯任认为，无论是江西省委机关还是湖北省委机关，迭遭大破坏的一个重要原因，是由于省委"忽视了机关的秘密工作"，"工作同志秘密常识的缺乏"。因此，一要提高党员对秘密工作重要性的认识；二要加强对党员进行保密教育；三要及时除奸，消除隐患。他时常提醒同志们切记秘密工作纪律，转变工作方式，转变生活方式。为了吸取江西、湖北党组织屡遭大破坏的教训，避免一人出问题牵动一大片，冯任与欧阳洛商定，采取单线联系和分散居住、分开活动的办法，严禁互相打听、发生横的联系。冯任还亲自选定省委机关、省总工会常委接头机关地址，对机关周围环境进行认真考察，尽量做到万无一失。第三，密切省委同各地方党组织的联系，加紧指导湖北各地党的工作。冯任到任后，以极大的革命热忱投入工作中。经过一段时间深入实际了解情况，冯任为省委拟发了第一、二号两个通告（在此之前省委已有几个月未向全省发通告）。在《中共湖北省委通告（第一号）》中，他全面分析了军阀战争中湖北的政治形势，指出"湖北在政治上、地理上都是蒋、冯、阎战争的中心"，"反军阀战争是党的中心任务"，各级党的组织要加强"反军阀战争的宣传"，广泛地向群众宣传"蒋、冯、阎的战争是反革命的战争"；揭露蒋介石"以党治国，为党国讨伐封建军阀"和阎锡山"党是党人解决，国是国人解决"的欺骗宣传，有条件地组织地方暴动，不失时机地做好各方面的工作；明确提出湖北各级党的组织目前的主要任务是：反对军阀战争、武装拥护苏联、在武汉组织总同盟罢工、在农村发动春荒斗争、有计划地组织兵变、把反军阀战争同反对帝国主义统一起来。

冯任主持的省委宣传部开始只有他一个人，工作异常繁重，他还抽空给党中央机关刊物《红旗》撰写文章，反映湖北工人运动、军阀战争、社会动态等情况。仅二月份，为配合反军阀战争的宣传，他就为《红旗》撰写了《湖北统治阶级的末路》《武汉工人的斗争》等两篇通讯文章。冯任以卓越的才能和干练的作风，将省委机关的日常工作及宣传部的工作安排得井井有条，受到中央巡视员的称赞。

2. 一生践行"做个好党员"

冯任是党史上很早就提出"要做个好党员"的人。他的一生很短暂，只走过了 25 个春秋，但他以亲身实践诠释了"怎样做个好共产党员"，为后人留下了宝贵的精神财富，在江西这片红土地上树起了一座不朽的丰碑。

追求真理，寻找光明投身革命

冯任，字任之，1905 年生于江西省都昌县土塘乡庙下冯家村。冯任 5 岁入私塾，自幼勤奋好学，聪颖过人，深得父母疼爱、乡邻称赞。1918 年他进入源头港广智小学读书，受到进步教师李伯农的启发，曾积极参加李伯农、刘聘三组织的"五四"宣传活动。1921 年，16 岁的冯任以优异的成绩考入江西省立第一师范学校，开始接受新文化、新思想。

有一年家乡受灾，穷苦农民只能靠野菜、糠粑度日，而都昌县知事刘燮臣却不顾人民死活，照样征粮派款、追缴旧欠田赋，激起公愤，当地掀起了一场"驱刘"风潮，刘燮臣只能躲到南昌。消息传到南昌，在省城读书的都昌学生愤愤不平，大家你一言我一语激烈地讨论了起来。这时，冯任站出来，掷地有声地说："现在是民国，既曰民国，民众就有权管理国家。中国就是坏在刘燮臣这班贪官污吏手中，我们青年人要拿出自己的主见，不能让他们胡作非为。"一番话让大家热血沸腾，学生们立即奔赴省督署控告刘燮臣。在多方努力下，刘燮臣终被驱逐，再也不敢回都昌了。

当时校园中多种思潮激荡碰撞，冯任作为赵醒侬、方志敏发起组织的"南昌文化书社"的忠实读者，阅读了大量传播马克思主义的书刊。后来他经袁玉冰介绍，于1923年3月加入"马克思学说研究会"，开始研究马克思主义，并与同学邹努、陈逸群、朱由铿、袁亚梅等在学校组织"读书会"，研读新思潮书刊，传播进步思想。他反对学校封建教育，提倡写白话文、演文明戏，主办会刊《读书札记》，成为学校学生领袖之一。

勇敢机智，化为"红刃"插入白区

冯任在党内曾化名"红刃"，这既是"冯任"的谐音，也表明了他以锋利的红刃刺穿国民党风雨如晦的统治，与敌人血战到底的决心。

冯任的地下工作生涯始于1924年南昌明星书社。明星书社名义上是书社，实际上是党中央设立的文化机构和联络机关。每当开展秘密活动时，冯任就和其他同志一起，担负起掩护的任务。正是因为出色的秘密工作才能，他于1924年5月加入中国社会主义青年团，6月就转为中国共产党党员。

1926年上半年，受组织派遣，他化名王警吾，组织九江海员工人破坏北洋军阀孙传芳的作战部署。10月的一个深夜，在他的指挥下，九江海员工会配合国民革命军地下工作者，带着火油等燃烧品潜入船上，炸毁了孙传芳 5000 吨级军需运输船"江永轮"，1500 名士兵和大批军需物资被炸毁，给孙军以致命打击，有效地支援了北伐战争。冯任时年仅 21 岁，但他已是地下工作战线的"老同志"。

1927 年，南昌起义后，起义部队撤出南昌，国民党反动派开始对共产党人进行疯狂扑杀。在如此险恶环境下，已是省委常委的冯任坚决执行党的决议，留守南昌继续从事地下活动。他机智地装扮成酱园坊的伙计，白天以坐店收款为掩护，晚上或到市里开展工作，或在煤油灯下起草报告、文稿，同时协助省委联络各地失散的同志，整顿恢复党的组织。

冯任长期在白区做党的地下工作，严酷的环境锻造了冯任严谨细致的工作作风和机智勇敢的革命胆略。1929 年 10 月，冯任以省委巡视员的身份赴赣南巡视。在此期间，由于叛徒出卖，党组织遭受了严重破坏，冯任在赣州无法找到红四军前委和赣南特委，只好带着家眷坐船沿赣江返回南昌。途经吉安时，远远地只见码头上国民党军警荷枪实弹、戒备森严，凭着多年的经验，冯任判断城内一定出了状况。为了弄清情况，他带着妻子和女儿冒险下了船。

刚进入城内，就迎面碰上他以前的房东正带着国民党特务满街抓人。房东冲上来一把揪住冯任："就是他！就是他！"急于讨赏钱的房东大声叫了起来，四周的特务立刻围了上来。这时，冯任临危不惧、镇定自如，机智地说："你认错人了吧，我从未见过你。"

房东被冯任威严的气势所震慑，一时竟忘记了冯任的姓名。尽管如此，特务还是对冯任夫妇进行了严密的搜查，但是一无所获，只能把他们放了。然而，特务无论如何也想不到，省委要求冯任亲手交给毛泽东、朱德的那封《中共中央给红军第四军前委的指示信》正藏在冯任不满两岁女儿的尿片里。指示信的内容涉及一些重要机密，一旦落入敌手，后果不堪设想。冯任在一个月后给中央的报告中这样描述当时的处变不惊："检查异常严密，我和我的老婆身上什么衣缝里都查了，并且用碘酒清矾水来涂信纸等东西，还好中央给朱毛指示的长信是放在我不满两岁的小孩子身上，而侥幸骗过。"

冯任沉着冷静、机智勇敢地摆脱了特务的搜查。虽然此时他已离开省委领导岗位，但他得知省委已遭到破坏时，还是心急如焚地赶到南昌。此时多位领导人被捕，同志们都劝冯任离开避一避风头，但他想到的是省委的工作和尚不知情的同志的安全，他冒着极大的危险，亲赴各地安排工作，协助省委书记沈建华恢复省委的部分工作，并立即通知下属党组织负责人迅速转移以减少革命的损失，表现了一名共产党员不怕牺牲和对革命事业高度负责的精神。

襟怀坦荡，敢于直言勇于担当

冯任是一名光明磊落的共产党员，他从不隐瞒自己的政治观点，勇于开展批评与自我批评，是党史上较早思考"怎样做个好共产党员"问题的人。

1929年3月3日，他撰写了《三个时代的江西省委》一文，对自南昌起义至1928年10月共14个月的三个时代的江西省委（即以汪泽楷、陈潭秋、陆沉三人为省委书记的省委）工作中的缺点、错误进行了深刻的揭露和无情的批评。冯任针对当时全省党员中存在的问题，为省委起草《共产党守则二十二条》，坚持从严治党。这一守则后来成为江西省委对全省党员进行思想教育的重要教材，而冯任也是中共早期从理论上提出怎样做个好共产党员的第一人，对江西乃至全党早期党的建设作出了重要贡献。他在文中提出：我们怎样才能做个好党员呢？一定要做到服从党的命令、遵守党的纪律，对党忠诚，随时随地宣传群众、组织群众，勤习革命理论，打破雇佣观念、打破领袖观念、打破迷信观念，明了政治，不贪污，接受批评，等等。这一文献对我们当今开展保持共产党员先进性教育仍具有指导启示作用。

冯任长期在白区工作，党员被捕、自首、叛变的事在当时不断出现，可谓提着脑袋干革命。为了不使革命利益因上级党组织判断失误而造成损失，冯任多次执笔直抒己见。1929年3月，冯任前往上海，代表江西省委向中央汇报工作。在上海期间，针对当时中央"左"倾盲动主义的行动方针，他以个人名义向中央呈送了一份《关于目前政治形势和中央工作致中央的意见书》，坦诚地陈述了自己对当时政治形势的看法和对中央的"城市中心论"的不同看法，提出在目前的革命阶段应以"土地革命为主要内容"（和1930年1月毛泽东在《星星之火，可以燎原》一文中强调的以农村为中心的革命思想相吻合），并指名道姓地对当时的中央政治局常委、宣传部部长李立三提出了批评。

不计名利，求真务实能上能下

1924年，年仅19岁的冯任加入中国共产党，从此走上革命道路，把一生的赤诚无怨无悔地献给了党的事业。由于处在特殊的历史条件下，他在短短6年内，工作多次变动，职务有升有降，但他从不计较个人名利得失，不讨价还价，将安危置之度外，尽心尽力把党交给的任务完成好。

1929年2月下旬，冯任与工委书记胡子寿同志赴上海代表江西省委向中央汇报工作时，中央在审查了江西省"二大"决议案后，对江西工作提出了严肃的批评，指出："江西的决议，大部分是照抄六次大会的决议，所以错误是很少的。但是，省的代表大会，若只是讨论全国大会以及中央的决议，若不讨论怎样将这些决议实现的方法，这便失去了这次省代表大会的意义。"因为省"二大"政治决议案是秘书长冯任起草的，所以中央的批评对他震动特别大，使他深刻认识到一个革命者参加实际斗争的重要性，深感自己由于长期坐机关，缺乏实际经验，不了解下情，盲目指挥，贻误了党的工作，很需要在实际斗争中锻炼自己。冯任从上海回到江西后，立即在常委会上进行了自我批评，并主动要求退出常委，到基层去担任实职。常委会满足了他的要求，决定让他作为候补常委，调任中共赣西特委书记。后来，江西省委秘书长范自成在给中央的报告中高度评价冯任及其在西特的工作，认为冯任工作能力很强，且特别积极，他到西特后，使西特的工作焕然一新。

坚贞不屈，保卫同志视死如归

大革命失败后的武汉成为全国白色恐怖最严重的城市，湖北省委先后四次在这里遭到破坏，著名共产党员夏明翰、向警予先后在这里被捕牺牲。1930年2月初，一艘由上海开往武汉的轮船缓缓停靠岸边，从船上走下了一位记者打扮的青年男子，他就是化名王亦吾的冯任，党内使用名字方明。受党中央委派，冯任以上海太平洋震旦通讯社驻武汉记者的公开身份来到武汉，担任湖北省委常委、宣传部部长兼农委书记，协助湖北省委书记欧阳洛（即毛春芳，冯任一师同学）开展工作。面对所处的恶劣环境，冯任建议省委整顿机关工作秩序，明确内部分工，健全保密制度，避免省委屡遭破坏；同时提出省委要密切与各地党组织的联系，加紧指导湖北各地党的工作，在武汉组织总同盟罢工，在农村发动春荒斗争，有计划地组织兵变。

冯任主持的湖北省委宣传部，开始只有他一人，工作十分繁重。任职不到两个月，他以卓越的才能和干练的作风，将省委机关的日常工作及宣传部的工作安排得井井有条，受到省委和中央巡视员的称赞。不久，欧阳洛被捕牺牲。战友的牺牲更加激发了冯任的斗志，冯任受命代理省委书记，他以身许党，早出晚归，全身心投入工作中。冯任周密部署，采取果断措施，重建党的秘密联络机关，党的组织因此没有遭受继续破坏。冯任的领导才能以及在恶劣环境中的应变能力，深得中央的称赞。3月25日，中央决定由冯任代理湖北省委书记。

1930年6月17日上午，冯任来到位于汉口的湖北省委接头地点碧云里12号，想要传达省委指示、部署工作。然而，由于叛徒出卖，这里已经暴露了。

一个特务头目问叛徒："你认识他吗？"叛徒当场指认："他叫王亦吾，是个重要分子。"特务从冯任身上搜出了湖北省委两份文件、一份《红旗》党刊和300元钱，冯任被捕。

敌人抓到冯任后，如获至宝，进行了反复的、惨无人道的严刑审讯，并扬言：家属只要以千元作保，即可获释出狱。冯任熟知敌人的凶险狡诈，任凭敌人疯狂折磨、严刑逼供，他始终没有屈服，咬定自己是共产党员，是从上海来的交通员，其他什么也不知道，未吐露一个同志的姓名。国民党当局无法从这个坚强的共产党人口中获得半点所需要的东西。在《武汉警备司令部十九年度办理共案分类一览表》"省委类"一栏内，冯任留给敌人的只有"王亦吾，二十五岁，江西，职业报"寥寥12字。（后由于其父冯垫的缘故，才在王亦吾之后添上了"即冯任"三字）

7月10日，冯任被国民党杀害于武汉警备司令部监狱武昌通湘门外，时年25岁。冯任用自己的生命保卫了省委及所属党组织的安全，以生命践行了他在《怎样做个好共产党员》中最后一条"永不背党"中的誓言："任凭怎样艰难困苦威迫利诱，都不能改变我们对党的信仰。我们应下个决心，生死都要做个共产党员，永远不肯背党。"

冯任为了革命理想信念勇于斗争、襟怀坦荡、视死如归、不怕牺牲。他的信念是纯色的，在威逼利诱面前，不为所动；他的信念是勇毅的，在

豫章师范学院百年校史十讲

070

党的事业面前，一往无前；他的信念是坚贞的，在酷刑之下，宁死不屈。正是这份纯色、勇毅、坚贞的革命斗争精神，让冯任在摧枯拉朽的革命洪流中，显出革命年代一名共产党员的可贵品质。冯任在他短暂而辉煌的 25 年人生历程中，绽放着青春的芳华，展露着不凡的风采。

怎样做个好共产党员 ①

（1928 年 3 月）

冯　任

□□□□② 共产党要怎样才能做好这多事呢？只有靠每个共产党同志。党员个个都努力去做，共产党既要一面杀尽土豪劣绅、地主、贪官、资本家，及打倒国民匪党，推翻他们反动的政权。另方面又要建筑一个很好的，使每个做工种田当兵的人都有饭吃、有衣穿、有屋住及享福的共产社会。因此共产党的党员，一方面便要做一个很好很勇敢很忠实的战士。另方面便要做一个很聪明很好的国家建筑者，要怎样能做得到呢？必要每个党员都好。我们怎样才能做个好党员呢？一定要做到以下二十二条事：

一、服从党的命令。党的命令，每个党员都要服从，若不能命令党员去做工作，党还有什么力量，还能做什么事，党命令我们做什么事，就是赴汤蹈火，都要去做，绝对服从党的命令，是党员第一件要做的事。

二、遵守纪律。纪律就是规则，共产党的纪律是铁的纪律，什么人都不能够违犯，□□为个人就要受处罚，党要我们做的事，我们不去做，

---

① 中共九江市委党史工作办公室编，殷育文主编：《冯任纪念文集》，中央文献出版社 1997 年版，第 125—130 页。

② 此件系上饶县湖村脐腰苏区老同志保留的抄录本，文句不通处保持原貌，编者未作订正。

是违犯纪律，党不准我们做的事，我们去做，更是违犯纪律。每个同志，只能在纪律范围内行动，跳出纪律范围内一步，就不行了。

三、牺牲个人。革命是拼命的事，我们应该准备牺牲一切，去和敌人拼命，革命才能够成功。我们应该把个人的幸福、安乐、财产、生命都准备牺牲，才能始终革命。如果是烧了一栋房子，或抢去一点东西，痛心叫苦的决不是一个好共产党同志，如反动派把点钱或利益给我们，我们便不顾党的一切，这不但不是一个好的同志，而且是反动派了。

四、勇敢参加阶级斗争。共产党是阶级斗争的党，农民打土豪劣绅、地主；工人打资产阶级、资本家，都是阶级斗争。在阶级斗争中，我们党员，应该站在前线领导群众去战斗，万不可躲在群众的屁股后去偷懒，每个共产党员，都是勇敢的战斗员。贪生怕死的分子，不配做共产党的同志。

五、对党忠实。忠实就是忠实可靠的意思，对敌人我们要用欺诈的手段，对党则应真诚无伪。有些同志，做错了事，党来责问，他就不肯承认，并说谎话，这就是欺骗党了，这个同志就靠不住了。

六、要随时随地去宣传群众。我们每个同志，无论到什么地方，无论在什么时候，对于受苦受压迫的工、农、兵群众，都要宣传他们贫苦的来因。并告诉他们解放自己的方法，使群众知道谁是他们的敌人，谁是他们的朋友，谁应当要杀，谁应当要拥护。

七、要随时随地去组织群众。我们每个同志，无论那时，到那地去，都要组织群众，使每个被压迫的工、农、兵都秘密或公开的组织起来。如工人帮他组织工会；农民帮他组织农民协会或革命团；士兵帮他组织革命士兵团，只有每个受苦受压迫的群众都有了组织，只有每种群众的组织都在我们共产党领导之下，革命才能成功。

八、努力党的一切工作。加入党不是好玩，而要来做革命工作，党指定的工作，我们要努力去做，怠工是党员最坏的事，努力做党的工作，才是一个好同志。

九、严守秘密。党的主义和政策，要很公开很普通的去宣传。但是关于党的秘密，绝对不能说出去。譬如说党决定要解决那个地方，如果说出去，敌人力量大，可以防御我们；敌人力量小，就预先逃跑了，岂不是要误事。所以党的秘密，绝对不能泄漏，党只准我一个人知道的事，就不能告诉第二个人，无论父、兄、亲戚、朋友、妻子都不能和他们说，说了就算是泄漏秘密了。

十、按时到会。共产党因为要训练同志和讨论政策，所以时常开会，同志对于会议，一定要按时到会，因为不按时到会有两种坏处：（一）大家都到了一个人迟到，大家要耽误时间。（二）紧要的事，你迟到过了时间，事情就糟了。所以不按时到会就要受处罚。

十一、缴纳党费。收缴党费，不是党来剥削同志，是有两种意思：（一）党的经费，要同志来供给；（二）缴纳党费，表示同志不忘记党，每个党员同志都要按时缴国币，三枚铜元至两角钱，按同志的经济状况来决定，同志如果不缴党费，就是表示他与党没有什么关系。

十二、勤习革命理论。共产党员是要做工作的，是要宣传组织群众的，党员既要宣传组织群众，那自己非明白一切革命理论不可，自己如果不明白，哪能宣传别人呢？所以每个党员，都要明白一切革命理论，不明白的就要问别人，如不懂装懂向人胡说八道，那就更谈不上做个好党员了。

十三、打破家庭观念。有许多同志，总舍不得一个家庭，他们说："革命当然是要努力的，但是我的家庭又无法丢掉。"看起来还是要顾全家庭，所以有些同志因怕牺牲家庭，不努力来革命了，这是很错误的，前面不是说过革命要牺牲一切吗？既然牺牲一切，当然家庭亦在牺牲之列，我们并不是绝对不管家事，但到了顾家庭就不能顾革命的时候，那末，我们只有牺牲家庭来革命。

十四、打破地方观念。共产党是要世界革命的，一切乡界、县界、省界、国界都要打破，若不能打破地方观念，分这个地方那个地方，各不相熟，就不是一个好同志。

十五、打破亲族观念。共产党员，只认阶级，不认识其它亲族关系，原是帮助无产阶级穷人谋利益的，就是革命，就是同志；而摧残无产阶级及穷人的，就是反革命，就是敌人。假使我们的朋友、亲戚甚至父、子、兄、弟，如果要反革命，就应该杀死他。

十六、打破雇用观念。雇用就是拿钱来雇你做事的意思，我们做革命的工作，不是党雇我来做，乃是我自己应该努力做的。党给我们几文生活费也好，一文钱没有也好，我们总须努力工作，有钱就做，无钱就不做，这不是共产党员应有的观念。

十七、打破领袖观念。许多同志只认识个人，不认识党，这是很错误的，我们应该服从整个的党，不应该盲从某个领袖，因为某个领袖，一旦不革命或反革命了，我们若跟着他跑，岂不是很危险吗？有些同志，天天想做领袖，这是不对的。

十八、打破迷信观念。迷信就是没有的事，而硬要相信为有，如相信上帝、神明、菩萨。只有共产党不相信这些鬼话，而是相信无产阶级团结起来努力革命，杀尽一切敌人才能得到解放，什么上帝菩萨都是资产阶级欺骗我们的东西，我们要把这些东西消灭。其余日子风水等鬼话亦不可信。

十九、不得贪污。贪污行为是共产党员最应严禁的事。一个党员，除了努力赚得的工资及生活费外，小就是一枚铜元，大就是几千万，都不能贪污的。在外私自贪脏［赃］受贿，吃铜打夹账，只有请他滚出党外去！

二十、要明了政治。共产党是一个政党，是要把反动派的政权推翻，建筑一个真正代表工、农、兵利益革命政权的，因此每个同志都要注意政治，都要懂得政治。如反动政治发生的原因是什么？反动政府所做什么重大的事情，及反动政治将来的结局到底怎样？我们共产党员，都要尽力学习知道。不然的话，我们就不知道怎样工作了，那里能打倒反动派及推翻反革命的政府呢？所以我们每个同志，每次对于政治报告，不但要注意听，并且要注意去讨论和研究，因为只有懂得政治的人，才能做一个很好的同志。

二十一、接受批评。一个人不可能没有错误，有错误就要纠正。共产党员的错误，更要赶快改正。所以我们发现那个同志错误了，就应该批评他，一点不要客气。我们自己错误了，别个同志来批评，我们自己就应该乐意接受，不得气愤。凡是不能接受批评的党员，终久必定走反革命路上去！

二十二、永不背党。我们既加入党了，就应该始终如一的做个好党员，任凭怎样艰难困苦威迫利诱，都不能改变我们对党的信仰。我们应下个决心，生死都要做个共产党员，永远不肯背党。如果能够做到上列二十二条，那就是个好同志，一条还没有做到都还不算，望大家努力做到。

附：拓展资料 ◎

资料一："铁骨巾帼女杰"——王经燕

王经燕（1902—1928），字翼心，又名玉如，小名若娃、荷心，永修县淳湖王村人，1923 年至 1925 年就读于江西省立女子师范学校，是早期江西地方党组织领导人之一，曾任中共永修县委书记、中共江西省委秘书、组织部代理部长。

舍弃富贵　投身革命

王经燕于 1902 年出生在江西省永修县
淳湖村的一个地主家庭，父亲是永修当地的
"首富"。王经燕从小就很有个性，后来接受
进步思想，敢于同旧势力斗争。在私塾读书
时，她拒绝读《女儿经》，要求换成同男学生
一样的《诗经》，老师不同意，她就罢课，直
到老师同意了她的要求。此外，王经燕与其
他地主家的孩子不同，她从小就同情穷苦百
姓，经常省吃俭用，接济周围的穷人。

王经燕

王经燕和她丈夫均出身富贵，家境优越。王经燕的丈夫张朝燮，永修
县艾城乡人，家庭显赫，父亲曾任县知事、县教育会会长。王经燕与张朝
燮青梅竹马，两小无猜。1919 年，两人结为夫妻，他们一起在院子的柿
子树上深深地刻上了"连理"二字，以表达对爱情的忠贞。原本，他们可
以这样岁月静好地生活下去。但五四运动爆发后，夫妻二人放弃安逸与悠
闲，毅然走上革命道路。婚后不久，张朝燮即投入爱国学生运动，王经燕
积极支持丈夫的行动。为冲破封建礼教的束缚，王经燕不仅放了脚，还带
头把长辫子剪成齐耳短发，带动了周围妇女纷纷剪发放脚。

不久，她在丈夫的鼓励下，不顾家人反对，割舍下两个孩子，于 1923
年进入江西省立女子师范学校（相关史料记载为"南昌第一女子中学师范
科"）学习。外面的世界拓宽了王经燕的视野，她如饥似渴地阅读丈夫推
荐的进步书刊，从中汲取营养。在学校，她积极参加各种革命活动，组
织进步团体"女青年社"，加入"江西青年学会"发动青年参加群众斗争，
是当时南昌学生界积极从事学生、妇女运动的杰出女青年。1924 年，王经

燕加入中国社会主义青年团，1925 年加入中国共产党。从此，王经燕和丈夫不仅仅是一对鹣鲽情深的恩爱夫妻，更成为志同道合的革命战友，他们勇敢地挣脱封建家庭的束缚，投身于大革命的洪流中。

异国求学　鸿雁传书

离开亲人和祖国赴苏联留学是王经燕作出的一次重大抉择。

1925 年秋，江西地方党组织选送王经燕等 13 人赴莫斯科中山大学学习。当时，王经燕已经是 3 个孩子的母亲，最小的还不满周岁，虽然内心充满了牵挂和不舍，但为了革命的需要，她毅然服从组织安排，和王稼祥、李立三、向警予等于 10 月 3 日从上海出发一起远赴莫斯科。临行前，张朝燮为送别战友和妻子，就作了《念奴娇·送别》词一首，装入信封，让妻子在旅途中拆读。词云："茫茫荆棘，问人间，何处可寻天国？西出阳关三万里，羡你独自去得。绰约英姿，参差绿鬓，更堪是巾帼。猛进猛进，学成归来杀贼。试看莽莽中原，芸芸寰宇，频年膏战血。野哭何止千里阔，都是破家失业。摩顶舍身，救人自救，认清吾侪责。珍重珍重，持此送你行色。"此后，漫漫天涯路，远在异国他乡的王经燕开始与爱人张朝燮鸿雁传书，互相勉励。

王经燕于 11 月 2 日抵达海参崴时，因水土不服，卧病在床，她带病写信给张朝燮，流露出对老母、丈夫和孩子的眷恋之情。她在信中写道："我能吃苦，能牺牲一切，却不能忘掉你，不能抛离我们的孩子！"正为党紧张工作的张朝燮接到妻子的信后，立即回信安慰她："……对于年老的母亲，年幼的孩子，固然要挂念，而同时对于社会上一般受压迫的民众尤应该放在心头，设法拯救。""父母和小孩子亦均在社会问题之中，只有努力社会事业，虽则表面上是抛开了他们，实际上是为搭救他们，救我，救社会一般被压迫者啊……我们个人本身的利害是包在被压迫民众的利益之中的……个人的利益与民众的利益相冲突时，应该牺牲个人的利益……我们现在当努力于我们的公共使命。"丈夫的劝慰、同志的关怀，使王经燕振作起来，全身心地投入学习生活中。

在莫斯科中山大学学习的两年间，王经燕非常刻苦，她学完了俄语、社会发展史等十几门课程，积极钻研马克思列宁主义理论，政治思想水平提高很快，成绩突出，被誉为"高材生"，深得老师的赏识和同学的尊重。她在给张朝燮的信中说："使我受莫大的痛苦，为的是怕你遭不幸的事情。虽然人人都知道牺牲是我们革命者所不能免的，我们革命成功也是由牺牲得来的。没有流血，就没有成功之日。"

1925年12月17日，江西党组织领导人赵醒侬被捕，党的秘密机关遭到搜查，在南昌城"捕捉共产党"的喧嚣声中，张朝燮临时承担起赵醒侬留下的工作，继续坚持斗争。他写信给王经燕描述当时的处境："昼伏夜动，出没无常。"1926年，赵醒侬被反动军阀杀害，张朝燮慨然发出"剩好头颅酬死友，凭真面目见群魔"的誓言。他在给王经燕的信中写道："有时夜行六七十里，日行八九十里，与农友同吃稗羹，同住秆洞。一切为了北伐胜利，昼夜不停地工作。"一封封家书，字里行间，既有夫妻之间的情感依恋，也有同志之间的相互鼓励，更有真挚博大的家国情怀。但这一切都随着1927年4月张朝燮的不幸牺牲而戛然而止。

一封封书信，见证了王经燕和张朝燮这对革命伉俪远隔万里的坚贞不渝和共同成长，他们为共同的理想和初心不惜抛头颅、洒热血。他们伟大的爱情、坚如磐石的信念，不仅展现了革命先辈"革命理想高于天"的崇高追求，更展现了共产党人的初心和使命，谱写出对党忠诚、勇于担当、不怕牺牲和理想信念高于天的时代强音。

强忍悲痛　临危受命

1927 年秋，王经燕在苏联整装待归，原想很快就要与家人团聚了，却传来了张朝燮牺牲的噩耗。生离竟成永别，昔日的担心害怕都来到眼前，王经燕一时泪如泉涌，悲痛欲绝，备受打击。她眼前不断闪现出爱人的身影，心中涌起了临别赠言："猛进猛进，学成归来杀贼。"她镇静下来，擦干了眼泪，谢绝组织上让她留在莫斯科的建议，坚定地向组织表示：共产党员就应有"见危受命"的精神，坚决要求回国投入战斗。为了安全，王经燕绕道蒙古，从西北边际入境，一路上历尽艰辛，跋涉数月，回到阔别两年且笼罩在白色恐怖下的家乡。

一回到永修，她就积极协助堂兄、县委书记王环心做好开展农村武装暴动的准备工作。她与王环心配合默契，为即将到来的农村武装暴动工作打下了坚实的基础。但在暴动前夕，王经燕的亲哥哥王经畲得知了党的计划，并将这一情报告知了国民党驻军。在王环心夫妇被捕后，王经燕请求释放堂兄，但未能如愿。于是她准备武力救出堂兄，然而由于王经畲的提防，堂兄已经被转移到别处，并在南昌被国民党杀害。面对又一次沉重的打击，她深深地认识到："一个革命者的死，只是加重了我们生者的责任！"她以"欲去伤心唯努力"的坚强誓言，激励自己把悲伤化为力量，坚决战斗下去。不久，中共江西省委任命王经燕为中共赣北特委委员、永修县委组织部部长。她上任后，首先抓的头等大事是恢复遭到破坏的党团组织。她爬山过岭，走村串户，寻找同志，加强联系，发展新同志，使永修县的党团组织很快得到恢复。仅用两个月的时间，她就将全县党员的数量增加到 450 人。在接任永修县委书记的职务后，王经燕召开了一次扩大会议，她和省农协委员金克鹤共同作出将革命重点由城市转入农村、由平原转入山区，将活动方式由公开转入地下等重要决定。在他们的努力下，

1928 年 1 月南乡革命根据地恢复了，建立了革命武装。

疾恶如仇　大义灭亲

王经燕的父亲王济兼，怎么也不会想到，有一天亲生女儿王经燕会革自己的命。王济兼与省城官员勾结，横行乡里，称霸一方；王经燕的三哥王经畲是国民党党员，常带着一群家丁横征暴敛，无恶不作。

面对父亲和兄长的恶行，王经燕在亲情与大义面前，毅然选择大义。有一天，农会组织农民到王济兼家开仓放粮。王济兼听说后，立即组织大批家丁试图反抗。一时间，整个农会充满怒火，但考虑他是王经燕的父亲，不知如何下手。正当大伙举棋不定时，王经燕赶来说：“你们还愣在这干吗？还不赶快开仓放粮，我来带路。”在王经燕的带领下，手持大刀长矛的农会兄弟们直扑王家。王济兼吓得下跪求饶，突然，他在人群中看到王经燕的身影，像抓到救命稻草般连连呼喊：“女儿、女儿，快救救我。”王经燕怒视他说道：“这是你自作自受，谁也救不了你。”于是，王济兼被农会同志们押到县城进行批斗、游行。在场的人无不为王经燕的革命精神所感动。

坚守秘密　宁死不屈

1928 年 2 月，王经燕调江西省委机关，先任秘书，后任组织部代理部长。她化名贺若霞，以家庭教师身份作掩护，从事营救和安置战友的工作。同时，她也经常女扮男装与敌人展开斗争。同年 5 月，江西省委机关遭到破坏，王经燕不幸被捕。

敌人得知她的身份后，如获至宝，他们开始企图以高官厚禄来诱使她叛变组织，但遭到了她无情的嘲讽。恼羞成怒的国民党把她押送到法庭接受非正义的审判。然而，让敌人始料未及的是，王经燕以坚强的意志和充足的论据，公正而激情地反驳了昏庸无耻的法官，义正词严地历数敌人的条条罪行，把法庭变成了揭露敌人、宣传革命的讲演台。黔驴技穷的敌人不甘心，又玩起了"亲情劝降"的把戏。他们找来王经蔺劝降："你不管自己也就算了，可要想想3个孩子，他们不能失去父亲，又失去母亲呀！""他们说，只要你写一个'悔过书'表示一下，就可以出去了……"面对曾出卖过王环心的王经蔺，王经燕毫不留情，投以唾弃的目光，扬手给了他一巴掌："我忠诚信仰，没有什么后悔的。滚！"铁骨铮铮的巾帼女杰也有自己的柔情，王经燕在狱中曾含着眼泪对前来探望的大嫂说："为了人类最崇高的事业，我愿舍去一切，现在，我别无牵挂，就是想念孩子们……"敌人对王经燕的强硬态度束手无策，于是对她进行严刑拷打、残酷折磨，试图逼迫她泄露组织的机密和其他同志的下落。然而，作为一名铁骨铮铮的共产党人，王经燕宁死不屈，始终没有吐露半点组织秘密，展现了崇高的奉献精神。

1928年6月的一个夜晚，恼羞成怒的敌人决定对王经燕下毒手。面对死亡，王经燕神态自若、从容不迫地走出牢房，高唱着《国际歌》走向刑场。敌人为了让她闭嘴，用铁块塞住她的嘴，用鞋底抽打她的脸颊，用锥子直接刺破了她的脸。铁块被她挣扎着吐了出来，敌人又残忍地用刺刀割掉她的鼻子和嘴唇，但王经燕仍昂首挺胸，怒斥敌人。灭绝人性的刽子手又用刺刀猛戳她反绑着的双臂和下体……就这样，王经燕在残酷的折磨下英勇地献出了宝贵的生命，牺牲时年仅26岁。

王经燕的生命虽然很短暂，但她将这个短暂的生命献给了自己内心的红色信念。她坚如磐石的信念、始终如初的使命感，展现了革命先辈"革命理想高于天"的崇高追求。她的英勇事迹和崇高精神将永远激励我们。

资料二：中共江西团组织建设先驱——丁健亚

丁健亚（1900—1929），原名丁潜，别名丁来泉、丁笑明，江西省修水县路口乡人。1916 年就读于江西省立第一师范学校。中共早期江西青年运动的领导人之一，曾任中国共产主义青年团南昌地委书记、中国共产主义青年团九江地委书记，是中共江西省永修县党组织创建人。

心怀壮志　为理想投身革命声援五四运动

丁健亚于 1900 年农历十月初九出生在一个教师家庭，父亲丁昆明系清末秀才。丁健亚幼时在家随父读书，他从小天资聪颖，勤奋好学，深得父母疼爱，6 岁启蒙读私塾，后考入父亲任教的西平小学。1916 年，年仅 16 岁的丁健亚考入了江西省立第一师范学校。

从交通闭塞的幕阜山腹地来到繁华的省会南昌，丁健亚萌生了一种"海阔凭鱼跃，天高任鸟飞"的壮志情怀。在南昌求学期间，他如

丁健亚

饥似渴地接受各种新知识，并积极参加各种进步活动。不久，他结识了江西"马克思主义研究会"的发起人袁玉冰等人，并成为该研究会的骨干和核心人物之一，开始接受马克思主义。

在五四运动中，丁健亚表现积极，成为当时的学生领袖之一。7 月 21 日，他积极联合在昌读书同学返乡，组织当地民众，召开国民大会，声援五四运动。他邀集第一高等小学校长查文辉、梯云高等小学校长肖驶云、模范国民学校校长胡握奇等，以旅省（南昌）旅浔（九江）全体学生名义，印刷传单数百份，散发给全县各界民众。22 日，在县城振新女校

召开全县第二次国民大会，参加会议的各界代表有 700 余人，周围几十里外的群众均赶来参加。修水县城各商号自行停业。会上，丁健亚等报告了五四爱国运动在省城的经过、情形后，与会者异常激愤，一致抗议帝国主义对中国的侵略，坚决声援省城青年学生、工农群众的爱国行动，并举行了规模浩大的游行示威运动。游行的队伍从振新女校出发，沿途高呼"废除二十一条""誓死收回青岛""抵制日货"等口号，县城一群群手工业工人、农民、市民、小商人自觉加入游行队伍，参加游行的达 1.5 万余人。这是五四运动以来修水县掀起的最大规模的爱国热潮，给修水广大革命群众带来了深远的政治影响，为后来轰轰烈烈的大革命运动打下了一定的思想基础。

1923 年年底，丁健亚在有"江西三杰"之称的江西党组织创始人赵醒侬、袁玉冰、方志敏等人的教育和培养下，加入了中国社会主义青年团江西支部。1924 年，丁健亚加入中国共产党，并作为重点培养对象，受党组织派遣赴莫斯科东方劳动者共产主义大学学习，成为江西省首批留学苏联的青年之一。陈乔年、叶挺和聂荣臻等都是他在苏联的同学。

机智勇敢 为支援北伐推进炸毁军阀物资

1926 年 2 月 26 日，为配合北伐军进军江西，丁健亚调任九江团地委书记。此时的九江为反动军阀孙传芳所把持，孙传芳任命邓如琢为江西督办，以九江为大本营施行高压统治，扼杀人民的革命思想。他们在九江街头巷尾张贴文告，实行三步一岗、五步一哨，通宵戒严。凡是男子穿学生装和西服，女子剪短发的，都被看成是革命党的间谍，或拘捕或枪杀。他们禁止群众集会、结社和言论自由，勒令当时的《九江日报》停刊、所有学校停课，腾出校舍驻扎军队。他们强征各码头轮船及大小民船，用来运载军队和战争物资，严密控制水陆交通。孙传芳联军则在九江城肆意奸淫掳掠，无恶不作。丁健亚和党组织派往九江协助工作的南昌地委组织部主任冯任，经常冒着生命危险化装成工人、学生深入码头、铁路、工厂、学校开展活动。为不引起敌人的注意，他们住在九江西园路一间硝制皮革的手工作坊内，借此为掩护，积极在码头水警、工人中开展地下活动。

1926年10月上旬，国共两党地下组织获悉被孙传芳征作军用的轮船"江永"轮将要运载大批兵员及军需品来九江的情报，丁健亚、冯任等便在码头水警和"江永"轮船员中积极开展工作，制订行动计划，并帮助国民革命军先遣队工作人员汪杨、刘子和、李炯荣、万义田、王小九等5人装扮成"茶役"，伺机行事。10月16日晨，"江永"轮驶抵九江，泊于江心，船上载有船员士兵1600余人，军用品无数。抛锚后，汪杨等人带着火油等燃烧品潜入船中，他们首先破坏了船上的太平水管，再将火油等燃烧品藏入军服内，然后放一把大火。当日江面风大，一时火光冲天，火借风速，迅速蔓延至全船，引发弹药爆炸，船上士兵不是被烧死、炸死就是跳水后被淹死，所有军用品烧毁殆尽。汪杨等5人在起火后，立即跳入江中被预先安排的水警救起。

在国民革命军决战九江的关键时刻，"江永"轮爆炸，敌方大批军火、物资被毁，使孙传芳的援军和物资供应完全中断。同年11月5日，在国民革命军的强大攻势下，国民革命军独立二师占领九江，孙传芳不得不投靠奉系军阀张作霖。"江永"轮爆炸和孙传芳军的覆灭，标志着九江国民革命和中共组织的发展进入了一个新阶段。

英勇斗争　为党团建设扎根群众武装斗争

1926年6月，丁健亚回家乡修水秘密建党，建立了中共修水临时支部。临时支部的诞生使全县农民运动迅猛发展，农会会员发展到5万多人，这为后来的秋收起义奠定了良好的群众基础。

1927 年，蒋介石发动"四一二"反革命政变后，丁健亚根据江西党、团联席会议决定，以省农民运动特派员的身份回县组织农民暴动。他很快和先期回县建立党组织并担任中共修水支部干事会书记的胡越一、组织干事甘特吾等取得联系，并以省农协特派员的身份扎根于群众之中，组织农民协会和农民武装。由于国民党右派叛变革命，修水蠢蠢欲动的土豪劣绅趁丁健亚等人到南昌开会的机会包围县农协，袭击县党部，惨杀了 5 名革命同志，在修水制造了血腥的"六七"惨案。紧接着西乡大土豪曹庆丰又网罗一批暴徒袭击了全丰区党部，西乡党员有的被捕、有的被杀。

在严重的白色恐怖面前，丁健亚没有丝毫的退却，他先后在家乡路口、白岭、全丰一带恢复重建了农民协会，接着于 7 月 23 日指导中共修水支部干事会在马坳北山甘特吾住所召开了紧急会议。会议总结了"六七"惨案的经验教训，研究了上级党组织关于深入农村开展革命活动、组织农民暴动的指示。会议决定立即将修水党的工作重心转入农村，在农村积蓄力量，发展党的组织，开展农民暴动。会议研究决定以党组织力量较强且群众基础较好、地处土龙山和黄龙山的仁、西两乡为党的重点工作区。会后，丁健亚组织制订了"利用西乡曹、余两姓宗族矛盾，暴动打倒独霸一方的曹家土豪劣绅，变曹余两姓宗族斗争为全西乡的阶级斗争"的农运工作方针。在他的指导下，西乡农民两次攻打曹家。

1928 年 3 月上旬，第二次攻打曹家取得胜利后，在省农运特派员丁健亚的领导下，中共修水临时县委在沙坪满觉寺召开庆祝杨祠暴动委员会成立大会。暴委会成立后，即移驻杨祠，成立铁铸局，制造土枪土炮、鸟铳、梭镖、马刀等武器，人员由 600 多人发展到 1000 多人。在丁健亚、余经邦等人的领导下，先后打倒了塘城、沙坪、全丰一带的土豪劣绅，打击了西乡曹姓地主和土豪劣绅的嚣张气焰。

壮志未酬　为革命奔波积劳成疾英年早逝

丁健亚的领导组织才能，引起了修水国民党地方当局的极大恐慌。国民党修武铜靖卫大队队长吴抚夷根据国民党政府的指示，悬赏600大洋，欲取丁健亚的首级。由于丁健亚的名字系在省城读书时所改，路口家乡人们只知道丁来泉或丁笑明，加上他的活动又处于秘密状态，因而幸免于难。

"四一二"反革命政变以后，斗争形势极其残酷，丁健亚的工作被迫由公开转入地下。他常年为革命奔波操劳，且常常居无定所、食难果腹，因而积劳成疾，不幸染上肺病。但他仍然坚持为党工作，于1929年9月2日不幸病故，年仅29岁。在弥留之际，他还紧握着俄文版《共产党宣言》喃喃自语，可见，他的革命理想信念是何等坚定。他作为江西省党团组织的重要领导人和杰出的工农运动领导人，走完了他短暂而又辉煌的一生。

风展红旗卷巨澜："党的中坚干部"欧阳洛

江西是中国革命的摇篮。中国共产党在安源领导安源路矿工人大罢工，掀起了中国工人运动的第一个高潮；在南昌，打响了武装反抗国民党反动派的第一枪，创建了人民军队，开始独立领导革命战争，开启了中国革命的新纪元；在井冈山，建立了第一个农村革命根据地，探索出农村包围城市、武装夺取政权的正确道路，铸就了井冈山精神；在瑞金，创建了中国历史上第一个全国性的工农民主政权，是中国共产党在局部地区执政的重要尝试。这些决定了在中国革命斗争的历史进程中，时常活跃着豫章师范学院的前身之一——江西省立第一师范学校校友的身影。

（一）播撒星火

1926年5月，经中共中央批准，中共江西地方执行委员会（简称江西地委）成立，书记兼宣传部部长是江西省立第一师范学校毕业的罗石冰，组织部部长是赵醒侬。江西地委下辖南昌、九江、吉安3个支部，共有党员65人。

当时南昌地方团组织的发展也逐渐成规模，据《南昌地委组织报告

（第一号）》（1926 年 4 月 26 日）统计，至 1926 年 4 月，团地委下属的团支部有 12 个。其中人数最多的是省立一师团支部，人数达到了 24 人，当时支部书记为李允谔，干事有徐光栋、郑育民、徐秉钧、刘其勋、王经埈等。加上党员数量，当时省立一师党团员的总人数应在 30 人以上。

中共江西地委成立之后，为配合国民革命军北伐，将大批党员从南昌派往各地发展党团组织，同时开展国民党地方组织建设工作。到各地开展党的组织建设的省立一师或曾经在省立一师就读过的党员就有 10 多人，如罗石冰到吉安，朱由铿、陈赞贤到赣州、南康，冯任到九江，欧阳洛到永新，傅庭骏到武宁，袁亚梅到德安，郑育民到鄱阳，甘特吾、余垂成到修水，谭和到都昌，刘越到鄱阳，曾去非到永修等，他们中的多数人都曾经担任过国共两党地方组织的负责人。在他们的努力下，党的基层组织迅速发展。据统计，到 9 月，有 20 个县建立了党组织，其中 12 个县建立了党支部，全省党员人数增加到数百人。10 月，罗石冰因旧伤复发转吉安养伤，中央派广东团省委书记刘峻山来江西接任党的地委书记，罗石冰改任江西地委宣传部部长兼吉安特别支部书记。

中共江西地方组织建设是与国民党地方组织建设同步的。1924 年 1 月，中国国民党第一次全国代表大会通过的宣言，重新阐释了三民主义，确定了"联俄、联共、扶助农工"的三大政策，标志着国共第一次合作正式形成。共产党人以个人名义加入国民党。3 月，赵醒侬在参加完国民党一大后回江西，在开展中共组织建设的同时，着手国民党改组工作，成立了以共产党人为主体的国民党江西临时省党部，赵醒侬、邓鹤鸣、邹努等 7 人为筹备委员。临时省党部派出干部到各地建立市县党部。这些干部有国民党员，也有以个人身份加入国民党的共产党员。经过一年多的努力，成立了 17 个市县党部，党员将近 2700 人，包括以个人身份加入国民党的共产党员。1925 年 7 月，国民党江西省第一次代表大会召开，有 12 名中共党团员当选执行委员、候补执行委员或监察委员，其中有省立一师具有中共党团员身份的学生。在国民党省党部和大部分市县党部，共产党员和青年团员取得了领导地位。"拥护孙中山北上"、声援"五卅"运动、建立各种群众团体、发动工人运动和青年运动等，都得益于国共合作。同时，国共两党还选送了一批优秀青年到广州黄埔军校、农民运动讲习所学习，其中共产党员蓝广孚、钟肇尧等毕业于省立一师；还有一部分被派往苏联学习，其中就有丁潜（丁健亚）、王弼、徐褐夫、曾弘毅、夏建中等一批曾就读于省立一师的共产党员。1920年入学的省立一师第十班学生刘越，曾被派往广州农民运动讲习所学习，学成回来后，在黎明中学多次举办讲座，介绍广东、湖南等地的革命形势，并结合江西特点指导农民运动。这些工作为北伐军入赣创造了良好的条件。

1924年，毕业于省立一师、当时就读于上海大学的共产党员王秋心，受瞿秋白推荐，以国民党党员身份到江西政商工农学各界中开展宣传，商讨召开国民会议和废除不平等条约等事项。

（二）投身北伐

1926年，广州国民政府发动北伐战争。为配合北伐军作战，当年夏季，中共江西党团组织将大量党团员派往各地开展工作。8月，大部分党团员都奔赴各地，留在南昌的党团员仅有18人。修水、永修、武宁、都昌、鄱阳、赣州、南康、新干、永新等地都有省立一师党团员的身影，他们发展国共两党组织、开展工人运动和农民运动，组建工农武装，积极准备迎接北伐军的到来。

9月，北伐军从湖北、湖南和广东三个方向进入江西。

受中华全国总工会派遣，在赣州开展工人运动的省立一师毕业生陈赞贤和朱由铿，参与策反赣军赖世璜部，成功使赖世璜部发动起义。赖世璜部加入北伐军，改编为国民革命军第十四军，攻占赣州，打开了北伐军进攻江西的南大门。北伐军占领赣南后，陈赞贤还担任了南康县县长，为北伐军提供了坚强的后勤保障。

同为1921年入学的省立一师毕业生甘特吾、余垂成等，将敌人兵力部署呈报北伐军第六军军长程潜，并组织修水农民协会会员为北伐军带路，筹集运送物资，协助北伐军占领修水，顺利翻越幕阜山，挺进江西腹地。

1917年入学的省立一师毕业生曾去非，组织永修农民武装肃清永修县城外围，调集精壮青年100余人、民船80余只，运送北伐军强渡潦河，顺利攻占永修县城。

罗石冰组织、领导吉安群众为北伐军打前站，劝说地方武装放弃抵抗，组织纠察队维护地方治安。北伐军兵不血刃，占领吉安城。

1921年入学的省立一师校友陈逸群，领导铜鼓广大工农群众积极配合入赣北伐军，里应外合，击溃盘踞铜鼓的军阀杨镇东混成旅，占领县城。

欧阳洛带领永新农民自卫军，袭扰永新的军阀驻军，协助北伐军光复永新。光复永新后，他担任县行政委员会委员长（县长）。在县城召开的盛况空前的光复庆祝大会上，他亲自登台演讲，号召永新民众全力支援北伐，完成国民革命："反动军阀一日不除，革命斗争一日不止！"

冯任受组织派遣，化名王警吾，潜往九江指挥赣北各县建立工会、农会等革命团体，破坏北洋军阀孙传芳的作战部署。10月中旬，在他的指挥下，九江海员工会配合国民革命军地下工作者，带着火油等燃烧品潜入船上，炸毁了孙军军需运输船"江永轮"，给孙传芳军队以致命打击，有力地支援了北伐战争。

在各地民众配合下，北伐军进军迅速，9月底，兵临南昌城下。南昌民众积极策应，控制了城内多处要地，北伐军轻而易举地拿下了南昌。孙传芳不甘失败，组织军队回击。由于北伐军轻敌，南昌得而复失。孙传芳部队在丢失南昌之前，就枪杀了江西革命领导人赵醒侬；重占南昌之后，更是对城内民众进行疯狂的报复，捕杀民众2000余人，其中有大量学生，仅在心远中学操场一地便屠杀学生200余人。在这次屠杀中，省立一师学生也有殉难的。好在当时省立一师的大部分党团员已被派往外地发动工农运动，殉难的人数不是很多。

10月，北伐军重新部署，两次进攻南昌。11月，江西战役结束，北伐军基本稳定了江西的形势，孙传芳在江西的军队，或被歼灭或投降，损失殆尽，直系军阀在东南的主力基本被清除。

随着北伐军的胜利，江西的革命形势一片大好，成为全国瞩目之地。1926年12月，根据中共中央特别会议决议，中共江西地委升格为江西区委，当时委员有刘峻山、傅烈、袁玉冰、方志敏、罗石冰、邹努、周志中、杨超、王环心。其中4人曾经就读于省立一师：刘峻山为书记，邹努为青年部部长，冯任为秘书长，罗石冰为吉安地委书记。区委下辖九江、吉安两地委和若干直属支部，党员近900人。南昌没有成立地委，南昌各支部均由江西区委直接领导。当时南昌共有4个党支部，其中学校党支部3个，分别是省立一师党支部、女师党支部和二中党支部。共青团江西区委也同时组建，书记为袁玉冰。

（三）奋起反击

北伐军第二次克复南昌后，蒋介石在南昌建立了北伐军大本营。国民党中央组织部部长陈果夫派段锡鹏为特派员到南昌，策划篡夺革命的领导权。段锡鹏以"庐陵同乡""北大同学"的关系，网罗党羽，秘密组织了一个国民党右翼团体——AB 团。1927 年 1 月，国民党江西省第三次代表大会召开，在选举中，当选的省党部委员大部分是共产党员和国民党左派人士，这引起蒋介石的不满。他指使段锡鹏以国民党中央特派员的名义否定了选举结果，并以国民党中央执行委员会常务委员会的名义，绕过大会，直接圈定一批 AB 团分子为省党部的执行委员和候补执行委员，共产党人和国民党左派人员入选的仅有方志敏、罗石冰、李松风、朱由铿（候补）等少数几人，其他均被排挤出省党部执行委员会。省党部的领导权落入 AB 团手中。国民党右派夺得领导权之后，又企图谋夺省总工会和农民协会等各群众团体的领导权，还派员赴各地谋夺各市、县党部及群众团体的领导权。国民党右派在蒋介石控制的军队支持下不断挑起事端，甚至动用武力压制共产党人、国民党左派人员和革命群众。

为了反击国民党右派，1927 年 2 月，中共江西区委机关刊物《红灯》周刊复刊，通过舆论反击国民党右派。时任中共江西区委青年部部长的邹努作为编辑和主笔，以笔名"特雷女士"和本名，连续发表了《一年容易又一春》《赤的回忆》《自由在血泊里》《为南昌学生进一言》等文章，揭露了 AB 团篡党夺权、摧残工农运动、拉拢青年的行径，号召民众觉醒，看清右派分子的面目并起来反抗。

1927 年 3 月 6 日，国民党右派和反动军官绑架杀害了赣州总工会委员长陈赞贤，揭开了国民党右派公开屠杀共产党人的序幕。惨案发生后，全国震动。中共中央机关刊物《向导》和其他进步刊物纷纷刊载烈士被害真相和悼念文章，中华全国总工会发出《反对赣州驻军枪杀工人领袖》的通电，江西省总工会成立了"陈赞贤惨案委员会"。郭沫若发表《请看今日之蒋介石》，记叙了"三六"惨案的经过，揭露蒋介石背叛革命的罪恶行径。毛泽东在武汉中央农民运动讲习所举行的追悼会上，发表演说："在这革命势力的范围内，竟不断地演出惨杀农工的事实，由此可证明封建的残余势力，正准备着秣马厉兵，向我们作最后的挣扎啊！从今日起，我们要下一决心，向那些反动分子势力进攻，务期达到真正目的。"在赣州民众举行的追悼大会上，朱由铿满含激愤地写下了"为你复仇"4个大字。

青年，特别是知识青年，是革命极其重要的力量，谁争取到青年，谁就取得了革命的主动权。当时对革命满怀热情的青年学生已经开始出现分化，或倒向不同的阵营，或陷入迷茫，面临着何去何从的选择。3月，AB团分子图谋改组学联，为其所用。国民党省党部委员兼青年部部长、AB团骨干分子洪轨，以同乡关系拉拢学联领导人之一、省立一师的共产党员徐跃。徐跃一面沉着地与之周旋，一面向组织汇报，暗中发动和组织进步学生做好防范。

4月2日，中共江西区委经过周密策划发动了反击行动。是日，在袁玉冰、邹努等人指挥下，2000多人的游行队伍突然出现在南昌街头，其中很多是省立一师的学生，他们从中山路由西向东直奔国民党省党部而去。当队伍快到省党部的大门口时，AB团分子竟然鸣枪威吓革命群众。周围看热闹的人听到枪声连忙四散躲避。但枪声更加激怒了游行队伍，他们像潮水一般涌进省党部，解除了省党部纠察队武装，占领了省党部大楼，然后又分路搜查AB团分子，将程天放（省教育厅厅长）、曾华英等30多名AB团骨干抓获并关押。

4月2日这天，中共区委组织了对AB团等国民党右派的反击行动，史称"四二"暴动。暴动后，省学总、省商会、省农协、省总工会等民众团体以及国民党南昌市党部联合发表宣言，将斗争的矛头直指蒋介石集团，号召"革命民众应该一致团结起来，用革命手段镇压一切反动分子的活动"。中共江西区委、共青团江西区委《红灯》（周刊，1927年4月24日）发表《追我们死难的同志——赵醒侬、陈赞贤、曹炳元、胡遂章、张朝燮》，向国民党右派发出坚决斗争的檄文："我们绝不会恐惧退让，血钟已经响，我们只有一致的向着红光中前进！用我们的刺刀和枪炮开我们自己的路。我们决不会仁慈，对待资产阶级是没有仁慈的，我们对于反动派，对于我们阶级的仇敌，只有一个口号：杀！杀！杀！……你们死了，但是我们还没有死，对着我们的仇敌，我们要一致大叫：我们在这里！放心呵！已死的你们！你们的血是不会白流的！"

"四二"暴动的第二天，1922年入学的省立一师学生邹努以本名在《红灯》上发表了《江西青年目前的中心工作》一文，对青年运动进行了深刻的思考，在激烈动荡的革命大潮中，他深感江西青年中有些被封建宗法的传统思想锁闭着，有些被基督教化的宗教思想迷惑着，有些正在被西洋式资本主义的个人享乐思想引诱着；青年人的革命不能只凭一时的热情和冲动，必须在思想上文化上有所觉醒，摆脱各种束缚、迷惑和引诱。在文末，他写道："我们要确信，青年是时代之花，是社会之柱石，要促成中国革命乃至世界革命之易于成功，须力矫从前专门注意政治宣传忘却文化运动之错误，只有到青年群众中去，猛烈进行新文化运动，使青年群众，在思想上行动上发生彻底的改革，然后革命才有成功之希望！"

（四）风展红旗

"四二"暴动后，在方志敏的主持下，国民党江西省第三次代表大会重新选举委员和候补委员，省立一师校友罗石冰、朱由铿、饶思诚等人名列其中。当时，罗石冰担任国民党江西省党部常委兼组织部部长，实际主持省党部工作，在国民党反动派公开"清党反共"的险恶环境中，他紧急动员各群众团体，做好应变准备。

"四二"暴动的胜利还是无法解除革命斗争面临的危机。"四一二"反革命政变之后，时任江西省政府主席兼国民革命军第五路军总指挥的朱培德逐渐与蒋介石合流。5月中旬，他将关押在南昌卫戍司令部的程天放等以"无犯罪事实"为由，尽数释放；6月上旬，又下令停止省总工会和农民协会的活动，动用军队收缴了工人纠察队和农民自卫军的枪械，强令"礼送"袁玉冰、方志敏、邹努、肖国华等24名共产党员和国民党左派人士出境。邹努离开江西赴武汉，代表江西出席了全国学联第九次代表大会，当选为全国学联常委。7月底，他秘密返回南昌参加了南昌起义，后被任命为共青团河南省委书记。不久，河南省党团组织遭到严重破坏，邹努被捕。9月下旬，邹努在湖北与河南交界的武胜关被反动当局秘密杀害，时年25岁。一批地方工农运动领导人遭到逮捕，进贤县党部执行委员、当地农民运动领导人、省立一师学生徐梗生就是其中之一。当时地方豪绅结伙在南昌控告他，并胁迫农民联名诬陷，欲置其于死地，因同情者营救才幸免于难，出狱后被迫逃往上海。

1927年7月，根据党的五大后6月1日中央政治局通过的新的党章修正决议案规定，中共江西区执行委员会改称中共江西省委员会，并于7月21日在南昌松柏巷省立第一女子师范学校礼堂召开了中共江西省第一次代表大会，选举成立了中共江西省执行委员会，汪泽楷为书记，陈潭秋为组织部部长，宛希俨为宣传部部长，罗石冰、冯任等当选为委员。8月10日省委改组后，冯任担任常委兼秘书长。这次大会是在政治形势极其紧张的情况下秘密召开的。随着宁汉合流，武汉局势急剧恶化，国共合作破裂已成必然。在这种形势下，中共组织由公开转入地下，武装反抗斗争拉开了序幕。

1927年6月5日，江西省政府主席朱培德实行"分共"后，湘赣边界除宁冈袁文才部、井冈山王佐部外，各县农民自卫军，包括永新县，都被缴械，仅遂川有6支枪、莲花有1支枪等极少量的留存。6月10日夜，国民党右派抓捕了贺敏学等共产党员和群众团体负责人80余人，制造了永新"六十"事变。7月18日，中共永新县委书记、省立一师校友欧阳洛组织宁冈、莲花、安福的农民自卫军攻入永新县城，救出被捕同志，史称"永新暴动"。

8月1日，在周恩来等领导下，由中共掌握的国民革命军武装力量发动了南昌起义，正式打响了武装反抗国民党反动派的第一枪，人民军队从此诞生。在起义军前敌委员会中，罗石冰被任命为财政委员会委员，负责起义军的后勤保障。冯任、刘峻山、欧阳洛、钟肇尧、邹努、饶思诚（国民党左派）等省立一师校友也参加了起义工作。起义部队南下失败后，罗石冰潜往福州，担任福州市委书记，后赴苏联。刘峻山去了上海，就任中国革命济难总会秘书长。欧阳洛也去了上海，被任命为沪西区委书记，从事工人运动，后被派往湖北担任省委书记。冯任在南昌转入地下，以省委常委兼秘书长的身份领导革命斗争。饶思诚因病滞留临川，隐姓埋名，以任教私塾为业。

7月，铜鼓县委书记陈逸群得知共产党领导的国民革命军第二十军独立团进驻铜鼓，立即与之取得联系，引导这支革命武装打开监狱，救出被反动派监禁的革命同志和群众百余人，驱逐了反动首恶分子帅亚农，驱散了反动地主武装，沉重地打击了铜鼓的反动势力。同时，他和同为省立一师毕业生的县委李秀等同志一道，深入农村，组织农民自卫武装，筹集钱粮，为此后毛泽东亲临铜鼓领导秋收起义奠定了坚实的基础。

8月16日，修水县委书记甘特吾等在修水组织农民武装发动了"下衫暴动"，数千农民没收大地主朱经美的财物，打死土豪劣绅朱谷丰。接着又发动仁、西、崇三乡数千农民配合秋收起义部队，攻打西乡大地主曹家，一举击破了这个封建堡垒。

1928年3月，甘特吾与余垂成等在修水白山参与领导发动了"杨祠暴动"，组建修水、武宁、铜鼓工农革命军游击队，先后打倒了塘城、沙坪、全丰一带的土豪劣绅，没收了大批谷米和财物分发给贫苦农民。杨祠暴动失败后，余垂成等将当地梭镖队改编为游击队，继续武装斗争。1929年2月，游击队奇袭东渡港的郑权度民团，激战4小时，歼敌83人，击毙匪首郑权度；接着，又痛歼朱溪吴六波民团，活捉匪首吴六波。这几次战斗，为巩固和发展苏区扫除了障碍，也使游击队不断发展壮大，成为一支拥有200余人、100多条枪的精锐武装。这支武装后编入红十六军，余垂成也担任了红十六军政治部主任。

大革命失败后，文质彬彬的书生毅然决然地扛起红旗，拿起枪杆子。残酷的现实堵死了通往光明的道路，血淋淋的教训使他们认识到面对屠杀不能做待宰的羔羊，只有反抗才能在厚重的崖壁上凿出一条生路，迎接灿烂的朝阳。

（五）尽显风流

豫章师范学院前身之一——江西省立第一师范学校的革命史，是江西青年革命运动的缩影，其过程与时代主流保持了一致。省立一师的革命史与同期江西革命史乃至中国革命史高度契合，是时代大潮中的一朵激昂的浪花。以南昌为中心的江西青年革命运动起于1919年五四爱国运动，在国共合作的"大革命"中渐入高潮，在探索国家、社会出路的过程中，经历了从自发到自觉的两个阶段。从1919年到1927年，以1923年为界，此前可以看作第一阶段，此后是第二阶段。两个阶段的划分是以中共江西党团组织的建设为分水岭的，两个阶段有着明显的连续性，爱国主题始终如一，但也有着明显的差异。第二阶段政治主张更加鲜明，从单纯的政治诉求变为夺取政权的社会革命。放在历史大背景上看，这和时代潮流保持了一致。在上述两个阶段尤其是第二个阶段中，省立一师具有鲜明的代表性，从其在运动中的表现和影响来看，将其视为江西青年运动的一个缩影毫不为过。

省立一师青年在中共江西党团组织建设中的作用举足轻重，对江西革命运动贡献巨大。马克思主义在江西的传播与中共党团组织建设的中心都在中等学校，前者在省立二中，后者在省立一师。省立一师在中共江西党团组织建设中地位特别突出，社会主义青年团省立一师支部、中共省立一师支部是江西出现最早的基层党团支部，社会主义青年团（共青团）江西地委8届书记中有7届出自省立一师，中共江西地委、中共江西区委领导人都出自省立一师。师范学校与中共早期组织有很强的亲和性，造就了人数众多的革命者，这是不争的事实。之所以如此，一是师范生受其职业定位的影响，强烈的社会使命感使他们积极投身社会改造运动，并为之不懈奋斗；二是师范生大多出身贫寒，对社会不公有更多的切身体会，容易接受革命感召，把思想转化为行动的内在动力也更强；三是当时的师范生在校时间较长（学制5年），有更多的时间接受革命的熏陶，更容易形成革命团体，持续产生革命影响；四是毕业后回到家乡任教或在外读了大学后回到省内，与江西各地的联系较为密切，更容易对家乡产生广泛的影响力。这些在省立一师的革命者身上都有十分鲜明的体现。

省立一师的青年革命运动离不开外部大环境的推动，也得益于内部小环境的支持。外部大环境一是五四运动，二是国共合作。在五四运动中，青年开始觉醒，对国家、民族的出路有了更加深刻而理性的思考，也有了更多融入革命洪流的行动，一师青年运动正是由此从自发而逐渐走向自觉的。1924年开始的国共合作和北伐战争，使中共江西党团组织进入一个快速发展期，革命运动的目标也更加切合实际，奠定了广泛的群众基础，中共江西党团组织的吸引力也因此不断增强。省立一师中共党团组织骨干成员都曾以个人身份加入过国民党，甚至担任过国民党组织的领导人，具有双重身份，这容易得到社会的广泛认同。内部小环境就是省立一师本身。1920年，蔡漱芳接任省立一师校长，他与训育主任饶思诚都属于国民党左派人士，思想开明，对学生参加政治活动采取了包容甚至支持的态度。他们在任期间，学校思想自由，成为一所"接受新思潮快、革命斗争意志坚定"的学校。1923年，黄光斗继任校长后，虽然不像蔡漱芳那样支持学生运动，但对学生自治还是有条件地予以尊重。加之饶思诚继续留任训育主任，总体来说，省立一师还是基本延续了蔡漱芳时期开创的自由风气。这为省立一师革命思想的传播与中共党团组织建设营造了宽松的氛围。

省立一师在政治运动中因价值取向的异同而分化组合的现象，是当时复杂社会政治环境的折射。投身政治运动的学生，思想存在极大差异，共产主义、三民主义、国家主义、无政府主义等，在当时都有广泛的传播。政治组织本身也在不断地分化组合，因而政治运动中的价值取向常常是同中有异、异中有同，呈现非常复杂的面貌。当时各种党派往往是以小团体的形式存在，又大多处于地下活动状态，开展运动主要依托各种群众组织，如学联、青年会、青年互助会、妇联会、工会、农协等，都比较重视争取中间阶层或普通民众，因而政治思潮错综复杂。直到1927年国共分道扬镳，才较为清晰地划出两个敌对的政治阵营。

时势造人，大浪淘沙。江西省立一师的师生，道路选择不同，人生经历各异，奋斗牺牲者有之，执着坚守者有之，淡泊随世者有之，隐忍苟活者有之，助纣为虐者亦有之，跌宕起伏是常态，有分道扬镳，有殊途同归，无不随时代潮流起伏。其人已去，其事已矣，唯其精神长存，令后人凭吊、感慨。

附：拓展资料 ◎

欧阳洛与永新暴动

1928 年 11 月，毛泽东在写给中央的报告《井冈山的斗争》中说，井冈山革命根据地的地方武装有赤卫队和工农暴动队两种，他特别提到"暴动队始于永新"。永新暴动队，如果没有欧阳洛等人的奋斗，可能并不存在。

第一次国内革命战争时期，江西各地农民运动蓬勃发展。1926 年 9 月，北伐军分三路进入江西。10 月，江西清江、南康、永新等县成立农民协会。永新还成立了农民自卫队。在 1927 年蒋介石发动"四一二"反革命政变后，农运形势急转直下。5 月 21 日，国民党军官许克祥在长沙发动马日事变。6 月 5 日，江西省政府主席朱培德实行"分共"，解散农协，"围剿"农民自卫军。湘赣边界除宁冈袁文才部、井冈山王佐部外，各县农民自卫军包括永新县，都被缴械，仅遂川有 6 支枪、莲花有 1 支枪等极少量的留存。6 月 10 日夜，国民党右派抓捕了贺敏学、胡国槐（胡波）、龙中桂、尹世基、吴正宇等共产党人和群众团体负责人共 80 余名。这就是著名的永新"六十"事变。

欧阳洛，字仲廉，乳名华寿，号梦朵，1900 年出生于永新县芦溪乡田南阳家村。1921 年初考入豫章师范学院的前身江西省立第一师范学校。1923 年 10 月加入中国社会主义青年团。1924 年初加入中国共产党，成为江西省早期共产党员之一。1925 年 1 月，欧阳洛从省立一师毕业，受上级党组织派遣，回家乡组建基层党团组织，开展农民运动。

欧阳洛先是在北乡田南、樟桥、古竹村创办农民夜校，吸收青壮年参加学习，传播革命思想，进行反帝反封建教育。他又在永新县城秀水小学创办平民夜校，以识字教育为名，吸收工人、学徒、进步知识分子入学，宣传革命思想。在他的启发下，才30多户人家的阳家村，就有10多名青壮年参加革命，他的兄弟先后加入中国共产党，为永新的革命斗争点燃了火种。

1926年9月，欧阳洛引导北伐军光复永新，担任县行政委员会委员长（县长）。在县城召开的盛况空前的光复庆祝大会上，欧阳洛亲自登台演讲，历数帝国主义、封建统治阶级和军阀欺压人民的罪行，号召永新民众全力支援北伐，完成国民革命。他振臂高呼："反动军阀一日不除，革命斗争一日不止！"群众情绪高昂，口号声此起彼伏，响彻云霄。

1927年4月，中共永新临时县委成立，欧阳洛被中共江西区委任命为县委书记，领导开展全县工农和民众运动，建立和发展革命团体，成为永新党团组织和工农革命组织的创始人。

欧阳洛为领导永新工农运动和发展党组织付出了大量的精力和心血，他杰出的政治才能和革命家的风采得到了社会各界一致好评。欧阳洛外表儒雅，革命意志却十分坚定。他口才出众，热情洋溢，具有极强的感染力，对待同志，他循循善诱、平易近人；对待反动派，他针锋相对，从不让步。

1927年"四一二"反革命政变发生后，国民党永新县党部主席周继颐公开跳出来执行蒋介石的"清党"指令，赶走在县党部和县政府中任职的共产党员，下令工人纠察队、农民赤卫军"全部交出武装"，逮捕贺敏学等80余名党团组织负责人，制造了"六十"事变。

欧阳洛转移到吉安，与贺子珍、刘作述等采取紧急措施，联络宁冈袁文才、安福王兴亚、莲花杨良善，率领三县农民自卫军，于7月18日攻克永新县城。这天凌晨5点，袁文才、王佐领导的宁冈农民自卫军率先攻入南门，城内的反动武装见势不妙，仓皇逃窜。农民自卫军打开监狱，救出被捕同志，处决了国民党右派头子周继颐和土匪头子李乙燃。这就是著名的永新暴动。

永新暴动是我党独立自主领导的较早的武装斗争之一，为我党发起南昌起义、秋收起义提供了借鉴，更重要的是，为秋收起义部队走上井冈山奠定了基础。永新暴动中的大部分人日后都上了井冈山，袁文才、王佐、贺敏学、贺子珍等家喻户晓的红军人物，成为井冈山革命斗争的中坚分子。这一切都离不开欧阳洛矢志不渝的革命精神和艰苦卓绝的组织工作。

永新暴动后，贺敏学等人率领一部分队伍在永新南乡万年山、绥源山和横跨南乡西乡的小江山等地活动，发动群众，力图恢复农民协会。这支队伍后来加入了秋收起义部队，成为毛泽东所说的"暴动队"的来源。

欧阳洛则在暴动后转往南昌，奉命参加南昌起义，参与筹备组织南昌起义成功群众庆祝大会和"征集民众万元款"慰问起义军的工作。起义军南下时，党组织指示他火速离开南昌，经九江去上海。

欧阳洛在九江没有找到党组织，身无分文的他一路乞讨来到上海。在上海与中共江苏省委取得联系时，他已骨瘦如柴，但仍然要求立即分配工作，奔赴沪东区从事工人运动，以英商老怡和纱厂车间写字先生的身份坚持地下斗争。1927年11月欧阳洛被任命为中共上海沪东区委书记兼任码头支部书记，1929年6月调任中共沪西区委书记。

1929年10月，欧阳洛化名毛春芳，到武汉担任中共湖北省委常务委员兼宣传部部长。他赴武汉之前，中共湖北党组织连续遭到毁灭性破坏，相继有5位省委书记被捕牺牲，斗争环境极其复杂、恶劣。同年12月，中共中央改组湖北省委，成立省临时委员会，欧阳洛任书记。次年2月，中央决定恢复湖北省委后，欧阳洛改任省委书记兼组织部部长。

1929年11月至1930年3月，在欧阳洛主持中共湖北省委工作期间，沉寂两年多的武汉工人运动走向复兴，以纺织工人斗争为起点，连续爆发铁路、面粉、石膏、被服、码头、煤业、水电、米业、杂货、人力车等各业工人的几十次罢工，持续半年之久。罢工伊始，他深入武昌武胜门外的纱厂地区，出席区委召开的工人党支部书记联席会议，及时掌握斗争动态，帮助分析形势，研究斗争策略，提出斗争口号。与此同时，他发动武汉三镇的共产党员、共青团员和积极分子支援工人斗争；结合纪念十月革命和纪念广州暴动，在三镇广贴标语，散发传单，甚至将标语贴到国民党首脑机关门口，将传单散发到军营里。武汉工人斗争一度呈燎原之势。

1929年11月，欧阳洛以湖北省委负责人身份，会同中共中央军委派来的干部，详细研究了隐蔽在国民革命军独立第十五旅中的共产党员程子华等人提出的起义计划，决定举行士兵暴动。除中央军委派来的干部外，省委也派出干部前往主持和联络，并向中共大冶中心县委和阳新县委发出配合士兵暴动的9条书面指示。12月中下旬，该旅5个连的士兵在红军和人民群众的支援下，相继发动武装起义，史称"大冶兵暴"。

1930年3月23日，由于叛徒告密，中共武昌区委在洪山召开的党员活动分子会议遭军警武装包围，欧阳洛与10余名与会人员全部被捕。据中共历史档案记载：狱中，他"虽受苦刑，并未供出一字"。有一位担任国民党军团长的永新同乡曾以"看望"为名来狱中劝降，欧阳洛厉声回应："大丈夫死在战场，决不投降。"同乡问他最后还有什么要求，欧阳洛想了一下，希望同乡带话给父母："我死后，请告诉我的父母亲，让他们不要难过，革命总有一天要胜利。"4月5日，欧阳洛与同时被捕的邓斌、史汉斌、何长清被杀害于武昌阅马场。"临刑时他走头，高呼口号，其势雄雄，后随三人唱国际歌和之，悲壮激烈，视死如归。"欧阳洛牺牲时，年仅30岁。

1930年5月7日，中共中央机关报《红旗》刊载湖北省委的追悼文章，称欧阳洛是"党的中坚干部""中国革命最好的领袖"。

鞠躬尽瘁见初心：执政为民的优秀校友

　　江西具有光荣的革命历史传统，是中国革命的摇篮。在革命战争岁月里，江西省立第一师范学校的一大批优秀校友投身于伟大的革命事业，有在革命中牺牲的曾去非、甘特吾、袁亚梅、朱由铿、陈逸群和李白芳，还有从抗战时开始革命工作、后来成为杭州建设开拓者的周峰。他们把为中国人民谋幸福、为中华民族谋复兴确立为自己的初心和使命，为中国革命鞠躬尽瘁、死而后已，为国家和社会的发展作出了重要贡献。

（一）"不忘初心，执政为民"的践行者

　　习近平总书记在庆祝中国共产党成立 95 周年大会上的讲话中强调要不忘初心，继续前进。其中讲道："坚持不忘初心、继续前进，就要坚信党的根基在人民、党的力量在人民，坚持一切为了人民、一切依靠人民，充分发挥广大人民群众积极性、主动性、创造性，不断把为人民造福事业推向前进。"[1]

―――――――――

[1] 《习近平在庆祝中国共产党成立 95 周年大会上的讲话》，《人民日报》2016 年 7 月 4 日。

全心全意为人民服务是党的根本宗旨，是我们党自成立以来赓续至今的优良传统。我们党成立之初，就把为人民大众谋利益写在自己的旗帜上。立党为公、执政为民，既是一种红色基因，连接着历史与现实，也蕴藏着无穷力量，激励着一代又一代共产党人攻坚克难、一往无前。[1] 一百年来，无论在革命战争年代还是社会主义建设和改革开放时期，我们党始终把实现和维护人民利益放在首位，把"人民对美好生活的向往"作为奋斗目标。作为党员干部，在宗旨问题上保持初心就是要时常想一想自己从哪里来、到哪里去，当官为什么、从政为了谁。对于这一根本性问题，决不能想偏了、想错了、想反了。只有把自身的奋斗紧紧地与党和人民的前途命运联系在一起，以忠诚之心对待组织，以热诚之心对待事业，以精诚之心对待同志，以实诚之心对待群众，以虔诚之心对待纲纪，才能走正道、干实事，在脚踏实地中获取无尽智慧和力量，在干事创业的广阔舞台上得到人民群众的支持拥护。

在风雨如磐的革命战争岁月里，江西省立第一师范学校涌现出了一大批优秀校友，他们积极投身伟大的革命事业，在政治领域为国家和社会作出了重要贡献，谱写了光辉篇章。他们是在赣东领导斗争的曾去非、在赣北领导斗争的甘特吾和袁亚梅、在赣南领导斗争的朱由铿、在赣西领导斗争的陈逸群、在赣西南领导斗争的李白芳，还有在抗战时期从事革命工作，新中国成立后曾任中共杭州市委书记、杭州市市长的周峰。这些优秀校友在革命年代虽然历经坎坷磨难，却始终不忘初心，坚持执政为民，为国家和社会发展作出了贡献，在他们的身上展现出了为国为民探索真理的革命追求、不忘初心执着信念的革命理想、牢记使命不懈奋斗的革命担当、铁肩担道敢为人先的革命豪情、坚韧不拔始终如一的革命意志、敢于

第六讲　鞠躬尽瘁见初心：执政为民的优秀校友

---

[1]　马祖云：《共产党人的"特长"》，《人民日报》2019 年 12 月 3 日。

斗争不怕牺牲的革命勇气和立党为公执政为民的执政理念。

（二）从革命年代到和平时期永葆本色的优秀校友

1. 革命年代的优秀校友

（1）在赣东领导斗争的曾去非。

曾去非（1899—1929），原名曾宗藩，化名于先，江西永修县人。1917 年至 1922 年就读于江西省立第一师范学校。中共早期江西地方组织的领导人之一，农民运动领导人之一，曾任永修县农民协会委员长、中共赣东特委组织部部长兼临川县委书记，革命烈士。

曾去非

曾去非，1899 年出生在江西永修县曾家村一个赤贫农民家庭。1917 年考入江西省立第一师范学校。在校读书期间他积极投身五四运动，曾与王环心、王弼等人一道组织成立"永修反帝爱国讲演团"，开展爱国主义宣传。1922 年初，曾去非从省立第一师范毕业，在故乡创办了以传播新文化、新思想为宗旨的含英小学，亲自担任校长兼教师。含英小学开设了青年学习补习班，吸收 18 至 25 岁的青年入学就读，这些青年后来大多成为农运的中坚、革命的骨干。

1922 年下半年，曾去非考入上海大学。在学校他接触了李大钊、瞿秋白等人，接受了马克思主义思想，经常把《共产党宣言》《唯物史观》和党的机关刊物《向导》等书报寄回家乡。1923 年春，他回乡和王弼一起将原"永修县教育改造团"改组为"永修改造团"，制订了团纲团章，正式提出了"改造社会"的革命口号。

1923 年底，曾去非由王环心介绍加入中国社会主义青年团；1925 年 5 月，由赵醒侬、张朝燮介绍，加入中国共产党。

遵照党中央的决定和省委的指示，曾去非回到家乡进行创办农民协会的试点工作，在曾家村创办了永修第一个农民协会。他在曾家村开办了平民夜校，白天和农民同田插秧，夜晚同农民共灯读书，宣传革命思想，讲解革命道理，发动农民向地主展开说理斗争。随着斗争不断胜利，曾家村农会从几户十几个人扩大到 20 多户 60 余人。曾家村农会的成立，震动全县，七里陵袁家，牛屎港杜家、淦家等地相继建立农会。农会队伍迅速壮大，结成团体、抗租抗捐。

鉴于各地农会已具雏形，曾去非于 1925 年 10 月底，在永修县城承德小学主持召开了全县第一次农民代表大会，通过了"在全县普遍建立农民协会和进一步发展农民运动"的决议。在这次会上，他当选为县农民协会委员长。

1926 年北伐战争时，曾去非根据中共永修支部关于"动员全县人民支援战争，迎接国民革命"的决议，废寝忘食、全力以赴，发动各地农会热烈响应北伐军，组织侦察队、运输队、担架队和带路组，给革命军运输弹药、粮食和做向导。10 月底，林伯渠率领的国民革命军第六军攻打永修县城，曾去非亲自从四乡农会调集精壮会员 100 余人、民船 80 多只，助大军渡河，很快消灭了固守县城的北洋军阀部队。

永修收复以后，国共合作的国民党永修县党部正式公开，曾去非当选为执行委员。为了巩固农运的胜利成果，他领导组建了农民自卫军，并亲自担任指导员。他根据当时苏联赤卫军的组织原则，为农民自卫军制订了七大纪律：一是官兵平等，军民团结；二是买卖公平，照价给钱，不要百姓一针一线；三是对妇女要正经，不调笑，不侮辱；四是勇敢杀敌，不投降，不叛变，不自动下火线，不开小差；五是敌我分明，不与土豪劣绅来往；六是保护广大民众的利益；七是严守军纪，服从命令。农民自卫军多次挫败了土豪劣绅的武装反扑和土匪的骚扰。

1927年4月12日，蒋介石在上海制造了反革命大屠杀案，白色恐怖很快弥漫全国。在永修，篡夺县党部大权的国民党右派县长勾结大土豪和大土匪，纠集匪徒80多人，于4月15日夜包围了中共永修县委驻地，制造了震动全省的艾城城隍庙事件（即"四一五"事件），县委宣传部部长张朝燮不幸牺牲。这件事使曾去非既悲痛又愤慨，他感到国共破裂已成定局，对国民党右派绝不能妥协忍让，必须以牙还牙、以血还血。在县委召开张朝燮烈士追悼大会的第二天，他和胞兄曾文甫一起，带领50多名自卫队员包围了县政府，解除了反动派的武装，并将右派县长赶出了县衙。接着，他又协同王环心主持召开国民党县党部执委会，通过了"清除右派分子皮述印等出党"和"放手发动工农，肃清土匪"的提案，对国民党右派的猖狂进攻给予了坚决回击。

5月28日，大土豪吴廷桂和大土匪彭文生发动了震动全县的柘林事变，曾去非的三弟曾文虎和40多名农会骨干、共产党员，被土匪开膛破肚，惨遭杀害。接着，清乡委员会和保安团到处杀人放火，搜捕共产党员和工农群众。上级党组织为了保存革命的实力，派曾去非去抚州临川工作，担任赣东特委组织部部长兼临川县委书记。

曾去非化名于先到达临川时，正值南昌起义部队途经抚州。根据上级指示，县委机关同志大部随军工作，南下广东，临川党的组织也随之由半公开状态转入地下。组织上考虑到曾去非人生地疏，易于隐蔽，故决定让他继续留守临川。曾去非面临的工作环境十分险恶，但他毫不气馁，风风雨雨奔走数月，重建了县委地下工作网络和秘密通信联络机构。他和县委的几个同志前往罗针、唱凯、云山等地发展组织，建立据点，一度被摧残而低落的工运、农运、学运又逐渐开展起来。

不久，中共江西省委派遣曾延生来赣东任特委书记，临川党的领导机构和农村的基层组织在斗争中得到进一步巩固和发展。曾去非遵照特委指示，派人前往崇仁，自己带人奔走进贤、临川边界地区以及东乡、金溪、资溪、南城等县，寻找旧关系，恢复各县党的组织。经过几个月的艰苦努力，各县党组织陆续恢复。为了吸取以往单纯注重政治宣传，不抓枪杆，在反动派的大屠杀面前，革命者只能引颈待毙的血的教训，曾去非致力扩大革命武装，还十分用心做匪运、兵运工作。南昌起义部队在潮汕失利的消息传来，反动势力嚣张一时，土豪劣绅弹冠相庆，曾去非坚如磐石、从容应变。他积极寻找从部队失散和被国民党清党运动清理出来的同志，千方百计地和他们取得联系，鼓励他们振作革命精神，继续坚持斗争，并且根据情况，给他们分配了适当的工作。为了打击反动派的气焰，鼓舞群众的斗志，曾去非于 1928 年阳历年前后指示各地党组织，发动群众，组织了一次统一行动，即一夜之间砍倒了临川通向各地的所有电线杆，切断了敌人的通信联系，将"打倒国民党反动派""革命胜利万岁"等红色标语贴满了大街小巷。

1928 年 5 月，中共临川县委机关遭到敌人破坏，曾去非果断作出决定，将县委从城内迁往高坪附近，不久又转移到距县城 10 公里的榆坊村，并召开了全县党的活动分子紧急会议，调整了县委机构，讨论了今后的工作，作出了开展武装斗争、反击敌人"进剿"的重要决定。

会后，曾去非迅速将决议上报省委，同时派人前往龙津区组织游击队，搜集长短枪六七支、梭镖十余根，在崇仁、临川边界地区坚持斗争。曾去非等人则来到崇仁县航埠镇古矿村，组织农民暴动，和游击队相呼应。

1929 年 5 月，曾去非到进贤、东乡等地视察工作，在离大岑不到 1 公里路的山地，突然碰上临川保安队拦路搜查。敌人从曾去非和同行人的挎包中搜出许多党的机要文件。敌人知道抓住的是共产党的重要负责人，大喜过望。敌人威逼利诱，想从曾去非口中获得中共党组织的信息，都被曾去非严词拒绝。9月，得不到任何有价值材料的敌人，决定将他杀害。临刑赴难途中，曾去非须发怒张，圆睁双眼，不断高呼口号："打倒国民党反动派""中国共产党万岁""工农革命胜利万岁"。残暴的敌人把石头、布条塞进他的口中，他仍然双脚跳起、含糊不清地大喊大叫。路人见状，无不垂泪。曾去非在临川壮烈牺牲，时年30岁。

（2）在赣北领导斗争的甘特吾、袁亚梅。

甘特吾（1898—1934），江西修水人，出身于修水马坳的书香门第。他父亲平时对乡亲疏财仗义、对土劣疾恶如仇的风范对甘特吾影响至深。甘特吾在江西省立第一师范学校求学时就参加了共青团组织。他常联络学友进行反帝反军阀的斗争。有一次，南昌一大商号运进大批日货，因怯于学生运动，便贿赂伪参议会，串通督军蔡成勋以军警包围学校。甘特吾不畏敌人屠刀威吓，慷慨陈词，据理力辩，并化装逃出，到一中等学校联络学友，统一行动，从而取得斗争胜利。

甘特吾

1924年夏，甘特吾从省立一师毕业时，党组织负责人语重心长地说："你还是回家乡去吧，只有工农暴动，才能把他们从水深火热之中拯救出来。通过斗争的洗礼，你定会成为共产主义者的。"他遵照党组织指示，毅然放弃出国深造的机会返乡。

甘特吾回乡后，一心惦记着工农劳苦大众。在修水县立第一高等小学任教期间，他常走出校门到群众中去，到贫苦学生家长中去做社会调查，帮助解决工农子女入学困难的问题。这位青年教师的行为，深得社会各界人士赞许。1925 年他便担任了这个学校的校长。从此，甘特吾大刀阔斧地在学校搞改革：大量吸收工农子女入学，提倡新文化，反对奴化教育，致使该校成为当时不打骂学生的典型学校。

1926 年春，中共江西省委为迎接广东革命政府出师北伐，决定派胡越一回修水，尽快在修水发展党组织。甘特吾热情地把胡越一请来学校，两人同吃同住，一起到工农中去搞调查。他在实际斗争中经受了考验，同年 7 月加入中国共产党，成为党在修水首批发展的党员之一。

甘特吾入党后更加勤奋，在繁忙的教学之余，办起了平民夜校。他利用这个阵地同劳苦工农大众联络思想感情，传播革命道理，结识了徐光华、祝东海等工农积极分子。这年 7 月，他同徐光华、王希圣等第一批发展的 5 名党员在青云门城墙上开会，成立中共修水县支部。甘特吾被选为中共修水支部干事会组织干事。这年冬，省委派的人离开修水后，甘特吾便接任了中共修水支部干事会书记。

此时，修水仍在北洋军阀的铁蹄蹂躏之下，甘特吾等同志常常躲过敌人的严密监视，到修水中学或修水城墙开会。经过一段时期的观察与考验，终于发展党员 50 余名，秘密成立了国共合作的修水县党部，甘特吾任县党部常务委员（即党部负责人）。

甘特吾利用县党部常务委员的身份积极开展工农运动，策应革命军北伐。8 月，革命军第六军先遣队自湖北来修水，县党部即派代表前去迎接，并将敌人兵力部署及进攻战略书面呈报军长程潜。革命军得到修水县党部和人民的支持，胜利攻入县城，一举击溃军阀孙传芳所部。至此，以共产党员甘特吾为负责人的国民党修水县党部便公开活动了。

甘特吾主持县党部工作期间，大力宣传国民革命之必要，揭露帝国主义与军阀之残暴，唤醒工农起来革命，解除自己的痛苦，消灭害人虫。在蓬勃兴起的群众运动中，工会、农会、商会、妇女会、精武体育会、学联、童子团等群众团体先后建立起来。甘特吾紧紧团结和依靠这些群众力量，大刀阔斧改革县政，撤掉了一些失去民心的政府官员，推选受工农爱戴的人出来办事，群众无不为之扬眉吐气、拍手称快。

与此同时，作为县党部负责人，他又一手抓党组织的建设，组织一批力量深入农村，整顿区党部，裁并了一些不识党义、不守党纪、为土豪劣绅所把持的区党部，致使组织更纯洁，党务日趋发展，党员数量增加数倍，区党部和区分部都相继得到了发展。

1927 年蒋介石在上海发动"四一二"反革命政变。早已蠢蠢欲动的修水土豪劣绅见时机已到，遂于 6 月 7 日包围县农会，袭击县党部，惨杀我 4 名革命同志。正在南昌开会的甘特吾、胡越一等同志闻讯，义愤填膺，立即成立后援会，草拟了《修水惨案后援会宣言》刊登在 6 月 25 日的《汉口民国日报》上。国民党修水当局见他们的反革命罪行已暴露，恨之入骨，立即派出军警四处搜捕，悬赏捉拿甘特吾等同志。

甘特吾并没有逃跑，他要在家乡点燃革命烈火。他化装成普通百姓，在群众的掩护下照样工作，机智地往返于大椿、渣津、白岭等地搞农运。他走村串户，把修水土豪劣绅制造的"六七"惨案告诉农民，宣传革命势力只有团结起来暴动，才能铲除反革命势力。他先后在家乡马坳濂山书院石子塘与渣津、白岭、溪口一带办起了农会；接着于 7 月 21 日在马坳北山主持召开了党的紧急会议，研究省委把工作重心转入农村的指示，决定深入农村，组织和发展农运工作。会后，他与胡越一、丁健亚、余经邦等人，分头扎根于劳苦群众中。8 月 16 日，发动了下衫暴动，数千农民没收大地主朱经美财物，并打死土豪劣绅朱谷丰。接着又发动了仁、西、崇三乡数千农民配合秋收起义部队，攻打西乡大地主曹家，一举击破了这个封建堡垒。

甘特吾越在工农暴动中崭露头角，敌人就越抓紧捉拿他。敌人越疯狂，他就越坚决。这年冬天，他又潜至溪口秘密发动师丙林、夏瑞卿等11名农民积极分子，奇袭溪口民团团部，缴获5支枪后，便在上庄、溪口一带组织祈源游击队，神出鬼没地打击敌人。

甘特吾在火热的农民运动中积极发展党组织，先后在台庄、朱溪、大桥、渣津建立了4个区委和9个乡党支部。1928年，中共修水临时县委和县委成立时，他均被选为书记。1929年4月，甘特吾被调到湘鄂赣特委，在临湘羊楼司等地做地下工作，发展党组织。

1930年以后，他还担任了赣北特委委员、赣北分区委宣传部部长以及湘赣边暴委委员等职。在任暴委委员期间，他积极组织革命武装，相机而动，打击敌人。1930年7月，红三军团乘当时西北和东南军阀混战之机，

甘特吾故居

决定配合工农群众革命力量攻打长沙，以夺取一省或数省之首先胜利。湘赣边特委为配合这次攻城，部署边境各县举行武装暴动，并指示"修水务即速夺取县政权"。甘特吾火速行动，组织力量，于 8 月初即率县游击大队和赤卫队员 5000 余人，袭击修水一带白区民团，使敌人不敢轻举妄动。

9 月初，红一方面军又进攻长沙，甘特吾奉命牵制敌人，于 9 月 3 日率领县游击大队和赤卫队员 600 余人，分两路向县城出击，同守敌县警察队及四区保卫团激战数小时，给敌重创后才撤退。守敌自顾不暇，不敢越雷池一步。

甘特吾在湘鄂赣工作期间，为摆脱国民党特务的追捕，曾化名张武、治伍，在阳新、浏阳、宜丰、修水等地发动群众，捕杀豪绅。敌人对他又恨又怕。抓不到他，便扬言要对他家斩尽杀绝，抢光烧光。甘特吾闻之，嗤之以鼻，置若罔闻。后来，他父母因受牵连，被迫逃亡，贫病交加死在异乡。在家中的妻子悲痛欲绝，写信报丧。甘特吾含着泪水回信勉励妻子要"不畏敌人凶，怕死不革命，献出全家血，换取全国红"。

1934 年 6 月，国民党五十师和江西保安团与湘鄂赣三省边界地主武装围攻县委县苏驻地画坪。甘特吾不幸在渣津步坑被捕，押到县城监狱。在狱中，他鼓励难友们："如果谁还活着，谁就要将革命进行到底。"敌人没有从甘特吾口中得到什么有用信息，终于下了毒手。

1934 年 9 月 1 日，甘特吾同志在修水县城西摆鲁家土墈英勇就义，时年 36 岁。

袁亚梅（1907—1934），又名袁亚枚，字少仑，号青心，江西省德安县金湖固村袁家人，1922 至 1926 年就读于江西省立第一师范学校。他是中共早期江西地方党团组织领导人，曾任中国社会主义青年团德安支部书记、中共德安县委组织部部长、中共梅友特别支部书记、中共武宁县委书记、中共武宁区委书记、红五军第五纵队营长等职。

袁亚梅 5 岁丧父，由母亲抚养长大。7 岁，他入县城沈毅小学读书，刻苦求学，成绩优良。1919 年，五四运动的新思潮传至学校，袁亚梅经常与同班好友甘霖沛等谈论国家大事，阅读进步书刊，接受爱国主义的思想教育。

袁亚梅天资聪颖，善于言辞，能写出很流利的白话文章，又爱好书法。袁亚梅从沈毅小学毕业后，于 1922 年考入江西省立第一师范学校。入学之始，他曾参加"励进读书会"，并出版进步刊物《励进》杂志。不久，他又与学友邹努、冯任、朱由铿等组织读书会，向同学介绍高尔基、托尔斯泰的作品，反对腐朽的封建教育。1923 年 1 月，中国社会主义青年团南昌地委成立，袁亚梅参加了赵醒侬发起的"马克思学说研究会"，学习革命理论。1923 年，袁亚梅加入中国社会主义青年团，1924 年转为中国共产党党员。

1923 年 5 月 9 日，在南昌团组织"国耻纪念"集会上，袁亚梅代表南昌学生联合会发表演说，唤起民众，打倒军阀，洗雪国耻。1925 年，上海"五卅"惨案发生后，袁亚梅和邹努等积极参加沪案交涉后援会的工作，组织示威游行，声援上海民众反抗日本帝国主义的斗争，并组织"仇货检查组"，将收缴的日货仁丹、哈德门香烟在豫章中学操场焚烧。7 月，江西督办方本仁下令封闭南昌学生联合会和沪案交涉后援会，通缉焚烧仇货的"滋事分子"，邹努、陈勉哉等一批学生领袖在南昌被捕下狱。袁亚梅回到德安，亦被县知事王仁怡下令拘捕入狱。袁亚梅在狱中潜心读书，毫不畏惧。县知事见他好学，训斥他："你读书就读书，为何要滋事？"袁亚梅回答："我是中国人，就要爱中国。你是不是中国人？要不要爱中国？"县知事自知理亏，哑口无言。不久，方本仁迫于江西各界人士的抗议，只得将被捕的青年学生释放。袁亚梅出狱后，更加深了对军阀、帝国主义的认识和仇恨。1925 年 9 月底，他回到江西省立第一师范学校复课，以亲身经历、激昂的言辞，表示要坚决"冲破这个腐朽的黑暗世界"。

1926 年 6 月，南昌的党组织根据中共中央支援国民革命军北伐的精神，要求在南昌读书的各县党团员学生回到本县参加农民运动，发展党团组织，迎接国民革命军北伐。袁亚梅回到德安，在沈毅学校和县立高等小学发展了一批团员。6 月底，中国社会主义青年团德安支部成立，袁亚梅任书记。这时，在北京大学读书的杨超也回到德安。7 月初，袁亚梅出席了由杨超主持的仙姑殿党员会议。月底，中共德安支部成立，袁亚梅任支部组织干事。按照支部决定，他在县城近郊开展工农运动，发展党的组织。9 月底，袁亚梅以跨党身份参加了国民党德安代表会，被选为国民党德安县党部执行委员。11 月，国民革命军第七军攻克德安后，德安县政务委员会成立，袁亚梅任政务委员，负责维持社会秩序。1927 年 3 月，中共德安县委成立，杨超任县委书记，袁亚梅任组织部部长。袁亚梅按照县委的要求，积极发展党的组织，并主持召开了德安县学生联合会和中国社会主义青年团德安支部首次代表会，推动了全县的青年运动。

1927 年 8 月 1 日，南昌起义爆发，袁亚梅闻讯前往南昌，追赶起义部队。但到达南昌后，起义部队已全部撤离，他遂至母校江西省立第一师范学校暂时安身，寻找党的组织。

1927 年冬，袁亚梅受省委派遣，以巡视员身份至武宁。在武宁梅友小学与江西省立第一师范学校同学、共产党员傅庭峻取得联系后，传达了上级指示，进行秘密活动。1928 年 3 月，袁亚梅乔装游馆先生，复至梅友小学，以代课教员身份，一面教书，一面秘密发展党的组织。开始，袁亚梅在学校成立"青年进修诗社"，吸收进步青年参加，以研究文学为名培养革命力量；接着，又至辽里、小九宫、南茶等地发展党员，成立支部。5 月，经赣北特委批准，中共梅友特别支部成立，袁亚梅任书记，下辖 4 个支部，党员 30 余人。随着党组织的发展，梅友特支改为武宁县委，袁亚梅任县委书记。8 月，中共武宁县委改为武宁区委，袁亚梅调遣武装人员组建游击队，在修水、武宁、铜鼓边境活动。

1929 年 8 月，袁亚梅调任红五军第五纵队任营长。12 月，他路过武宁，帮助地方在彭坪重新建立武宁县委。不久，他随军至鄂东南。1930 年 8 月，袁亚梅与其所在部队编入红八军，随军到赣南参加反"围剿"战斗。

1933 年，袁亚梅调至红十七师，到奉新、莲花一带作战。不久，部队向安福、吉安方向转移，由于叛徒出卖，袁亚梅所在红军部队被敌军包围，袁亚梅突围时被俘，被押送至吉安监狱。在狱中，他坚持斗争，组织越狱，不幸被敌人发觉，越狱未成。

1934 年春，袁亚梅与另外 3 位被俘红军战士，脚戴铁镣，走向刑场，被敌人杀害于赣江边的禾埠桥旁，时年 27 岁。

（3）在赣南领导斗争的朱由铿。

朱由铿（1903—1928），字诚之，号东井，江西省南康县东山乡（现金鸡镇）坪塘村人，1921 年至 1926 年，就读于江西省立第一师范学校，大革命时期江西学生运动的领导骨干，中共赣州基层组织的主要创始人之一。

1918 年，朱由铿在本乡私立东观小学毕业后，考入由陈赞贤任校长的东山高等小学就读。陈赞贤对品学兼优的朱由铿十分赏识，经常与他交流思想，鼓励他勤学上进，将来成为国家栋梁之材。五四运动爆发后，朱由铿积极参加了陈赞贤组织的南康县民众声援运动，并担任陈赞贤的助手。

朱由铿

1921 年初，朱由铿随陈赞贤一同考入江西省立第一师范学校。在这里，他与邹努、冯任、袁亚梅等进步青年组织读书会，阅读了高尔基、托尔斯泰及欧洲资产阶级文艺复兴时期的进步作品，共同研讨传播新思想。1923年，他与邹努等同学参加了赵醒侬等发起成立的"马克思学说研究会"，从此，他由一个具有爱国主义思想的青年，转变成一个初步具有马克思主义思想的知识分子。同年，朱由铿加入了中国社会主义青年团，并担任了南昌团地委学生部负责人，与邹努、冯任等同学成了学生运动中的著名人物。

"五卅"运动期间，朱由铿和曾洪易受组织委派，回到赣州进行反帝宣传。经过努力，他们和陈赞贤一起在赣州成立了"英日惨杀上海同胞案赣南各界后援会"，举行了有上万人参加的群众集会和示威游行，发表了《对惨案宣言》，组织了罢工、罢课和查禁抵制日货及募捐筹款等活动，反帝斗争的怒潮遍及赣州全城和赣南各地。同时，朱由铿将《新青年》《向

朱由铿（前排左一）与陈赞贤（前排左二）

导》等进步刊物发至赣南各县高级小学，扩大马克思主义在赣南的传播和影响，并在省立第二师范学校、省立第四中学等学校开展青年工作，培养进步青年，还介绍进步青年学生郭一清、黄达等人加入共青团，通过他们在各自的学校发展团员，成立团支部组织。

1925 年 10 月，朱由铿奉命赶赴南昌，先后被选为共青团南昌地委第六届、第七届委员，分管经济斗争和学生会工作。他爱好文艺活动，口才好，在学生中威信很高。他参加了共青团南昌地委在黎明中学召开的纪念俄国十月社会主义革命的大会。会上，他和邹努发表演说，宣传十月革命的伟大胜利，博得了师生的热烈称赞。

1926 年 5 月，朱由铿在南昌由共青团员转为中共党员，并担任南昌学生联合会总务部主任和学总会内的党团书记。根据党的指示，他以个人身份加入了国民党。他按照党团组织的部署，积极领导开展各项活动。5 月 4 日，他主持召开省教育会纪念五四运动的万人大会；5 月 9 日在南昌公共体育场主持召开了不忘"五九"国耻纪念大会，会后组织游行示威，掀起了一股反帝反军阀的爱国热潮，震撼了南昌城。

7 月，中共江西地委为迎接北伐军进军江西，委派朱由铿、曾天宇到赣州发展党团组织，并以国民党江西省党部驻赣州特派员的身份，筹组赣州国民党县党部。不久，因事泄被军阀政府通缉，曾天宇不幸被捕。由于事态严重，朱由铿只得暂避于广东南雄，与正在南雄担任县总工会委员长的陈赞贤会合。8 月，朱由铿和陈赞贤潜回赣州，在赣州大新开路黄家祠设立秘密机关，开展地下活动。不久，中共赣州支部成立，朱由铿任书记。从此，赣州人民的革命斗争在党的直接领导下有组织、有计划地进行着。

为迎接北伐军入赣，朱由铿和陈赞贤利用赖世璜与"两杨"的矛盾，进行大量的工作，策动了赖世璜部起义（后改编为国民革命军第十四军）

并进占赣州。9月6日，国民革命军第十四军进占赣州后，朱由铿在东门外天竺山主持召开了军民联欢大会，并领导中共赣州支部发动群众筹款筹物，组织义务挑夫队，帮助革命军运输粮草弹药；组织学生张贴标语，散发捷报，宣传北伐战争胜利，掀起支援北伐战争热潮。同时，朱由铿在省立二师、省立第四中学、赣南中学等学校，通过郭一清、黄达等人团结了一批进步学生，有力地推进了赣州的学联活动。

9月上旬，陈赞贤调任南康县行政委员长（县长），朱由铿协助陈赞贤建立了中共南康支部。他还到兴国主持召开了党员会议，成立了中共兴国支部，为中共赣州特别支部的建立奠定了基础。10月初，陈赞贤调任中共赣州特支书记，朱由铿任赣州特支委员、中共南康支部书记。同时，朱由铿以国民党省党部特派员的身份，筹建和改组了赣县、龙南、南康等县国民党组织，为赣南大革命播下了火种。10月下旬，他派从广州农民运动讲习所第6期结业的邱倜、钟肇尧、陈泽等人以国民党特派员或国民党中央农民部特派员名义分别到南康、于都、大余等县发展党的组织，发动和指导工农运动，使赣南各县党部大都掌握在共产党人和国民党左派人员手里。经过朱由铿等共产党员和国民党左派的共同努力，到1926年底，赣南各县国民党县党部相继成立，推动了国民革命的发展。

11月，国民党中央农民部派共产党员周冕到赣州指导赣南农民运动。经中共赣州特别支部研究，组建了赣南农民运动委员会，统一指挥赣南各县工农运动。陈赞贤、朱由铿、钟友仟、萧韶、周冕5人为常务委员。赣南党组织迅速发展，工农运动蓬勃发展，革命斗争风起云涌，中共赣州特别支部升格为中共赣州地方委员会。

1927年3月，蒋介石密令其爪牙倪弼一伙枪杀江西省总工会执行委员、赣州总工会委员长陈赞贤，制造了震动全国的赣州"三六"惨案。朱由铿以强烈的革命感情，满腔怒火地写下了"为你复仇"4个大字，并赴南康主持召开了陈赞贤追悼大会。他号召南康人民继承烈士遗志，将革命进行到底。4月，朱由铿调任中共赣州地方委员会书记。12日，蒋介石在上海发动反革命政变，江西国民党右派疯狂反扑，省党部屡屡制造"反共""排共"风波，朱由铿义愤填膺，于4月20日致电国民党中央，声明退出国民党江西省党部执行委员会。由于中共党员的坚决斗争，筹备和重新进行了国民党江西省三届二次会议的选举，选出方志敏等13人为执委，朱由铿为候补执委，使共产党人和国民党左派人员再度掌握省党部领导权。会后，朱由铿返回赣州，继续从事革命活动。

同年5月，蒋介石命钱大钧率国民党第十二师由广东进入赣州"清党"。赣州城笼罩在白色恐怖之中，共产党员被迫转到农村活动，朱由铿潜回家乡隐蔽。由于反动地主、朱由铿的叔叔朱寿宾的告密，12月，朱由铿被南康县反动当局抓捕入狱，关进县城大牢。在狱中，无论敌人威逼利诱，还是严刑拷打，朱由铿始终坚守党的机密，没有说出赣州地下党组织情况，展现了一名共产党员不畏强暴、坚贞不屈的崇高品德。1928年2月，朱由铿被押解到赣州卫府里被国民党反动派杀害，时年25岁。他用年轻的生命，为革命洒尽了最后一滴血，践行了入党时的铮铮誓言。

（4）在赣西领导斗争的陈逸群。

陈逸群（1905—1928），又名楚英，字觉民，又字力群，江西省铜鼓县西向乡人。1921年至1926年，他就读于江西省立第一师范学校。他是早期中共江西地方基层党组织领导人之一，曾任中共铜鼓县委书记。

1905年，陈逸群出生在江西省修水县一个书香世家。父亲陈以谦早年毕业于江西政法专门学校，博学多才，思想进步，陈逸群自幼深

陈逸群

受父亲影响。1917年，陈逸群就读于县立第一高等小学（奎光高等小学），五四运动时期，曾参与组织铜鼓学生联合会，负责宣传联络工作，联合本县各界民众举行示威，声援北京学生的爱国斗争。

1921年，陈逸群考入江西省立第一师范学校。在校期间，他曾联络在南昌各校读书的铜鼓籍同学发起组织了"竞进学会"，共同研读进步书刊，接受进步思想。随着学习的不断深入，他对马克思主义思想产生了浓厚的兴趣，逐渐确立了人生奋斗的目标。在致某同学的一封信中，他曾写道："我想人的一生也不必求什么富贵、什么势力，只要能为国家尽义务，为社会造幸福，就算是好国民。况且今日五洲交通文明日进，吾辈青年人的学问，不是自己晓得就算够了，还要介绍到那穷乡僻壤……"

1923年，陈逸群加入中国社会主义青年团，1925年加入中国共产党。1926年上半年，陈逸群从省立一师毕业，返回家乡铜鼓县。他与陈葆元、李秀等一道，在县城创建了中共铜鼓县第一个支部。这也是宜春市境内第一个中共支部。之后，陈逸群又根据中共江西地委的指示，与国民党左派人士通力合作，建立国民党铜鼓临时县党部，并任执委兼宣传部部长。同时，他致力于工人运动，领导成立了县总工会筹备委员会和各行业基层工会组织。同年9月，北伐军进军铜鼓，他领导广大工农群众积极配合北伐军，击溃盘踞铜鼓的军阀杨镇东，占领县城。

1926年12月，中共铜鼓党团中心支部成立，陈逸群任书记。1927年1月，陈逸群赴南昌出席方志敏主持召开的国民党江西省第三次党员代表大会；同年4月，为反对国民党右派和"AB团"的进攻，陈逸群被方志敏直接任命为国民党铜鼓县党部常务委员，对铜鼓县党部进行改组，清除了国民党右派和"AB团"的势力，夺取了革命的领导权。同时，陈逸群提议召开铜鼓县总工会代表大会，在大会上他当选铜鼓县总工会常务委员。之后他根据当时形势对县总工会斗争的策略进行了调整。6月

中共铜鼓县委旧址——西向羊牯坦陈家大屋

底，中共铜鼓县委成立，陈逸群被选为书记。在他的领导下，铜鼓的共产党人和工农群众积极开展革命斗争，有力地打击了国民党右派的嚣张气焰，因"四一二"反革命政变影响和国民党反动派干扰而陷入低迷的工人运动和农民运动又重新焕发生机，在当时形成了与反动势力对峙的局面。同年夏，共产党领导的国民革命军第二十军独立团进驻铜鼓，他闻讯立即与之取得联系，引导这支革命武装打开监狱，救出革命同志和群众百余人，接着又将反动首恶分子帅亚农的住宅付之一炬，从而沉重地打击了铜鼓的反动势力。同时，他和县委的同志一道深入农村，组织农民自卫武装，筹集钱粮，为毛泽东亲临铜鼓领导秋收起义奠定了坚实的基础。

1927 年 11 月底，中共铜鼓县委扩大会在西向乡秘密召开，会上改选县委组成人员，他继续当选为县委书记。就在这次会议结束时，他不幸被捕，旋即被解送至南昌监狱。在狱中，陈逸群面对敌人的严刑审讯，毫不畏惧，将生死置之度外，继续以各种方式与敌进行斗争。他在狱中创作了《被捕》《起解》《狱中杂吟》等诗篇，表达了他的革命之志和大无畏的革命牺牲精神。面对敌人的威逼利诱，陈逸群始终不为所动。

1928 年 4 月 13 日，万般无奈的敌人终于下了毒手，陈逸群在罪恶的枪声中倒下，年仅 24 岁。陈逸群在临刑前写下《致党内同志》绝笔信："我死诚不足惜，惟望凡我同志一心一德群策群力，在一条坚固阵线上完成我未竟之业。切勿观望徘徊犹豫不决自取失败，要于困难创痛中找出路求光明，则最后胜利定属我们。如此而后，则我虽死亦犹生也。今当诀别之际，谨以至诚之谊敬祝你们健康！努力！"

在陈逸群的影响下，他的父亲陈以谦和弟弟陈章伦都加入了中国共产党，20 世纪 30 年代初先后被捕牺牲。

（5）在赣西南领导斗争的李白芳。

李白芳（1902—1931），原名李芳，字叶菁，江西省宜丰县人。1922 年至 1926 年，他就读于江西省立第一师范学校。土地革命时期，他是中共江西省地方组织领导人之一，曾任中共赣西南特委候补委员，并任特委秘书长、省行委代理秘书长。

1922 年，李白芳考入江西省立第一师范学校。在校期间，李白芳参加了赵醒侬、方志敏创建的"马克思学说研究会"。1923 年底，他加入中国社会主义青年团，1926 年，加入中国共产党。同年，受党组织派遣，李白芳到永新开展革命活动，当选中共永新特别支部委员，后任中共永新临时县委秘书。1927 年 6 月，永新县城被国民党右派攻陷后，他撤至吉安县城，继续斗争。1929 年，李白芳当选中共赣西南特委委员。1930 年 3 月，李白芳在赣西南党的第一次代表大会上，当选为中共赣西南特委候补委员，并任特委秘书长、省行委代理秘书长。

1931 年春，由于"肃反"扩大化，李白芳被错杀。但事实上李白芳至死忠诚于党、忠诚于共产主义事业，后来冤案得到平反昭雪，并受到党和人民的尊重和怀念。新中国成立后，他被追认为革命烈士。

2. 和平时期的优秀校友——杭州建设开拓者周峰

周峰（1921—2007），江西临川人。1935年至1938年就读于江西省立乡村师范学校。抗战时期从事革命工作，新中国成立后曾任中共杭州市委常委、副书记、书记、市长、政协主席、党组书记等职。

周峰，1921年10月生于江西临川，1935年考入江西省立乡村师范学校。在校读书期间接受了爱国主义教育和进步革命思想的熏陶，不久抗日战争全面爆发，他积极投身抗日救亡工作，奔赴江西多地开展抗日救亡宣传。1938年师范毕业后，他投笔从戎，与一批青年学生一道加入新四军，同年8月加入中国共产党，正式踏上了职业革命者的道路。

1938年下半年，周峰随新四军开赴苏南抗日前线，历任赣东新四军三支队宣传员、战地服务团团员、中共当涂区委宣传干事、科长、委员，新

周峰

四军二支队特务营营部书记兼党支部书记，中共苏南宣郎高县委宣传部部长、中心区委组织科科长、县委书记，中共宣当芜中心县委青年部部长兼游击大队政治指导员，中共苏南路西北特委青年部部长、茅山特务营干部便衣队政治指导员，中共茅山特委青年部部长、民运委员会书记，中共茅山中心县委委员、苏南茅东县委书记，茅山县警卫团政委。周峰在极其艰苦的条件下建立抗日政权和抗日武装，坚持游击斗争，多次组织部队和群众开展反"扫荡"、反"清剿"、反顽固派斗争，还经常深入敌后打击日伪势力，壮大了革命力量，巩固了抗日根据地。

抗日战争胜利后，周峰所在地方部队编入野战军，历任华野八纵队七十团副政委，华野第一师教导大队政委，三野二十三军教导团副政委、政治部政策研究室党支部书记，浙江干校二部副主任。他随军转战淮北、鲁南、鲁中和豫东等地，参加了孟良崮战役、济南战役、淮海战役和渡江战役。在战斗中，他坚定勇敢、身先士卒、以身示范，经过战争洗礼成长为一名优秀的部队政工干部。

新中国成立后，周峰转入地方工作，先后任中国新民主主义青年团杭州市委青工部部长、副书记、书记，杭州市企业管理局局长，杭州市政府财经委员会秘书长、副主任、主任，中共杭州市委委员、副市长，中共杭州市委常委、副书记、书记，杭州市革委会副主任、市长，杭州市政协党组书记、主席等职。20 世纪 50 年代，他曾主持过杭州私营企业的社会主义改造工作；60 年代，在"文化大革命"极其复杂的环境中做了大量积极工作，稳定了当地的局势；70 年代初，在基辛格秘密访华期间，他周密安排访问团在杭州的行程，得到了周恩来总理的好评。1981 年至 1983 年，他在担任市长期间，致力于经济恢复和工业发展，注重基础设施的建设，为杭州成为中国经济发达地区奠定了良好基础；1983 年至 1986 年，他在担任杭州市政协主席期间，针对环境恶化问题开展调研，提出了西湖及周边地区环境整治建议。退休后，他着力于杭州文化的宣传，亲自主持编纂了《杭州历史丛编》一书。多年来，他任劳任怨，兢兢业业，为推动杭州市经济的发展倾注了大量心血，作出了巨大贡献。

2007 年 12 月 30 日，周峰因病逝世，享年 86 岁。

他去世后，党和人民给予了他很高的评价，在悼词中有这样的表述："周峰同志具有坚定的共产主义信念和强烈的革命事业心，在长达 70 年的革命生涯中，他始终以党的事业为重，把个人得失置之度外，在历次重大的政治运动中，立场坚定，旗帜鲜明，在思想上政治上与党中央保持一致，对党忠心耿耿，对共产主义事业充满信心。周峰同志具有高度的党性修养和民主作风，不论是革命战争年代，还是和平建设时期，他始终以共产党员的标准严格要求自己，坚持和发扬党的优良传统作风，讲党性、顾大局，淡泊名利、任劳任怨，与时俱进、开拓创新，保持了共产党人优良的政治本色和高尚的道德情操。他谦虚谨慎、公道正派，生活朴素、严于律己，真心诚意为人民谋利益，赢得了广大干部群众的尊敬和爱戴。"

附：拓展资料 ◎

资料一：陈逸群烈士狱中诗三首

被捕

陈逸群

我今何事做楚囚，
身负缧绁入图幽。
白云悠悠寒雁怨，
狴犴森森鬼神愁。
铁窗生涯意中事，
鼎镬甘饴冀能求。
留待明月松间照，
掣取干将斩仇雠。

起解

陈逸群

缧绁加在桃李枝，
晨光微熹穿赭衣。
穴中蝼蚁蠢蠢动，
枪上刺刀晃晃威。
天地阴沉石震怒，
日月黯淡失光辉。
桁杨雨润待何日，
肺石风清不易期。

豫章师范学院百年校史十讲

关杀未可宁宇宙，

桎梏哪能困蛟螭。

此去只凭莫须有，

留得青山扬笑眉。

狱中杂吟

陈逸群

精神彪炳心气正，

口号随着枪声听。

横眉怒目扫恨天，

野多忠骨少归榇。

（来源：宜春市党史地方志工作办公室）

资料二：陈逸群烈士的两份遗书

陈逸群的第一封遗书是写给组织及革命同志的："我生性耿介，对人对己莫不秉夫天理人情。不料被本县土籍恶劣所仇视，必欲置我于死地而甘心。我死诚不足惜，惟望凡我同志一心一德群策群力，在一条坚固阵线上完成我未竟之业。切勿观望徘徊犹豫不决自取失败，要于困难创痛中找出路求光明，则最后胜利定属我们。如此而后，则我虽死亦犹生也。今当诀别之际，谨以至诚之谊敬祝你们健康！努力！"

另一封则是写给家人以及爱人周棠卿女士，还有他未曾好好抱过的1岁女儿——陈巧莲的："人生必有死，余遭冤惨死有何足惜？惟望我家诸人各抱达观勿过于悲伤，长兄幼弟以退守田园不问外事为善，所谓明哲保身，复兴当有日也。家中内外事，料理与应付均要得法，方不再遭外人所乘而攻击之。桂侄幼小余极珍爱，如愿承余后嗣甚为合意，余归棠卿为能

陈逸群写给组织及革命同志的遗书和写给家人的遗书

守则守，不能守则嫁，但切勿嫁与我之仇人。纸短情长，不尽如缕，心胆碎裂，余不多言。"

（来源：铜鼓县档案馆，陈逸群哥哥陈宅梵的《宅梵大事记》）

资料三：《申报》关于陈逸群同志牺牲的报道

"……此外惩共委员会则于今日（十二）枪决'共匪'一名。其宣布罪状唯陈逸群，年二十三岁，铜鼓人，曾充铜鼓县党部执委。平日假借本党招牌，专以宣传赤化为能事，并勾结逆军、祸害地方、杀人放火、抢劫掳掠，实属罪大恶极，故枪决以昭炯戒云云。"

（来源：铜鼓县档案馆，陈逸群哥哥陈宅梵的《宅梵大事记》）

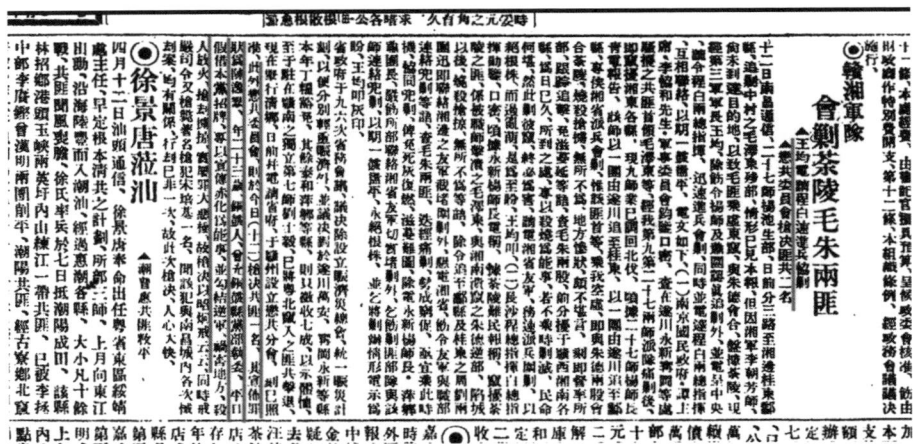

1928年4月16日上海《申报》第三版刊登关于陈逸群同志牺牲的报道，报道中罗列了陈逸群同志生前革命的部分"罪状"。

作育英才开新天："幼儿教育先驱"陈鹤琴

陈鹤琴是中国著名儿童教育家、儿童心理学家、教授，中国现代幼儿教育的奠基人，是近现代融贯中西教育精髓、开启中国教育现代化的杰出代表。他是毫无保留地为人民奉献的教育家，以毕生精力奉献于教育事业，为中国教育事业的发展繁荣奠定了基础，作出了重要贡献。陈鹤琴先生是每一名接受过师范教育的中国教师必然会去瞻仰的一座丰碑，他高尚的人格、深厚的学养、为民的思想至今仍以其强大的穿透力穿越大半个世纪指引着中国教育的方向。

（一）百年师范长耕基础教育启民智

陈鹤琴（1892年3月—1982年12月），浙江上虞人，中国著名儿童教育家、儿童心理学家，中国现代幼儿教育和幼儿师范教育奠基人。早年毕业于国立清华大学，留学美国5年，1919年获得哥伦比亚大学硕士学位。五四运动期间回国后，最初担任南京高等师范学校教授，讲授儿童心理学课程。东南大学成立后，任教授和教务主任。后担任中央大学师范学院院长和南京师范学院（现南京师范大学）校长等职。

1892 年，陈鹤琴出生于浙江上虞一个逐渐败落的小商人家庭。他自幼丧父，依靠母亲替人洗衣维持生活，为人勤奋自立，聪明过人。8 岁入私塾读书，学习旧学。14 岁时，在姐夫的资助下考入美北浸礼会开设的杭州蕙兰中学（现杭州二中前身）接受新式教育。1910 年冬，陈鹤琴中学毕业。第二年，即 1911 年春，陈鹤琴考入上海圣约翰大学，同年秋，考入北京清华学堂高等科。在清华期间曾创办清华校役补习夜校以及与清华相邻的城府村义务小学。

　　1914 年，陈鹤琴从清华毕业，考取公费（"庚子赔款"）留学美国，同船赴美的还有后来与他结下深厚情谊的陶行知。在船上，陈鹤琴经历了学教育学还是学医学的反复思考。抵美后，他开始就读于约翰斯·霍普金斯大学。1917 年，他在约翰斯·霍普金斯大学毕业，获文学学士学位。后入哥伦比亚大学师范学院专攻教育学和心理学。1918 年，他获得哥伦比亚大学教育学硕士学位并转入心理学系，准备攻读心理学博士。此时，正值南京高等师范学校教务主任郭秉文在美国物色教员，他遂应邀回国，并于 8 月 15 日乘船回到上海。在郭秉文的招揽下，蒋梦麟、陶行知等一批留美学者相继到来，他们深受美国进步教育思想和杜威实用主义教育学说的影响。这使年轻气盛的陈鹤琴更感意气风发，开始实践他心中"为人类服务，为国家尽瘁"的远大志向。

　　1919 年 9 月，陈鹤琴在南京高等师范学校教育科任教授，讲授教育学、心理学和儿童心理学，与陶行知等人倡导学生自治。

　　之后的 8 年里是他奠定事业基础和形成教育思想的时期。其间，他投身教育改革，采用西方新理论、新方法，并通过对长子陈一鸣的长期追踪研究，力行观察实验方法，探索中国儿童心理发展及教育规律，创办了中国第一所实验幼稚园——鼓楼幼稚园，进行中国化、科学化的幼儿园教育，开展幼儿园实验总结，并形成了系统的有民族特色的学前教育思想。1927年2月，陈鹤琴与陶行知、张宗麟一同发起中国最早的儿童教育团体——幼稚教育研究会，创办《幼稚教育》并任主编，发表《我们的主张》，提出适合中国国情的15条办园主张。3月，他受邀担任晓庄师范第二院（幼稚师范院）院长兼指导员；协助创办南京燕子矶幼稚园。

1927年6月起，陈鹤琴先后任南京教育局教育课课长，负责小学教育，大力推行行政学术化，推广教育实验区。

1928年夏，在收回教育主权声浪中，陈鹤琴任上海公共租界华人教育处处长，任职期间开办7所小学（附设幼稚园）、1所女子中学、4所工人夜校等。1929年7月，他创建的中华儿童教育社成为当时国内规模最大、人数最多的儿童教育学术团体。

20世纪30年代末，陈鹤琴提出教师如何"教活书、活教书、教书活"，学生如何"读活书、活读书、读书活"，在总结自己以往教育实践和思想的基础上，他明确提出"活教育"主张。

1934年7月至次年3月，陈鹤琴前往欧洲考察教育，回国后介绍世界新教育发展趋势和先进教育经验。

1938年初，陈鹤琴担任上海慈善团体联合会救济战区难民委员会教育委员会主任，与赵朴初、刘湛恩、陈望道等开展难民教育，开办难民、难童学校；创办难民工厂，倡导生产自救；发起成立儿童保育会并任理事长；宣传推广拉丁化新文字。

1940年陈鹤琴应江西省政府主席之邀，来到江西泰和筹建省立幼稚师范学校，并任校长；同时附设小学和幼稚园以及校办农场开展"活教育"实验。1941年1月，他创办《活教育》杂志，标志着有全国影响的"活教育"理论的形成和"活教育"运动的开始。1942年幼师附设幼儿园，1943年春，幼师改为国立幼稚师范学校，即南京师范大学学前教育学科前身，并增设专科部。教育实验已形成包括专科部、幼师部、小学部、幼稚园、幼儿园 5 个部门的幼儿教育体系，并在教育目标、教育原则与方法、德育原则课程与教学大纲等方面进行了改革，造就了一所具有崭新气象的新型学校。

1945 年秋，陈鹤琴被任命为上海市教育部督导处主任督学，他获准将幼师专科部改为国立幼稚师范专科学校，迁来上海。年底他又创办上海市立幼稚师范学校，后改为上海市立女子师范学校，并附设小妇幼，他兼任幼专幼师两校校长并继续"活教育"实验。

1946 年，陈鹤琴与陶行知一道成立生活教育社，筹办社会大学。1949 年 5 月，两次被国民党特务抓走，后经多位大学校长集体作保、营救获释。8 月，接受南京市军管会之邀，担任中央大学师范学院院长。9 月，出席中国人民政治协商会议第一届全体会议。10 月 1 日，参加新中国开国大典。

1952 年院系调整，陈鹤琴任南京师范学院（南京师范大学前身）首任院长。1952 年 11 月，他以南京大学师范学院幼教系为基础，整合全国多个高校的儿童教育和福利专业，建立中国第一个幼儿教育系。1958 年 5 月，因历史原因，受到批判，离开校长岗位。

1978 年 10 月，复出的陈鹤琴在全国心理学会上发言，提出"要加强儿童心理的研究，为振兴教育，适应新时期总任务需要服务"。1979 年 3 月，在全国教育科学规划会议上，他当选为中国教育学会名誉会长。1982 年年底，陈鹤琴病重，当友人潘菽、高觉敷等来探视时，他用颤抖的手写下："我爱儿童，儿童也爱我。"1982 年 12 月 30 日，陈鹤琴与世长辞，享年 90 岁。

陈鹤琴创立了中国化的幼儿教育和幼儿师范教育的完整体系，他用自己的一生真正践行了为人类、为教育事业奉献的伟大理想，是当之无愧的中国现代儿童教育之父。

（二）幼儿教育先驱：陈鹤琴

赴美留学　少年立志

1917 年，哥伦比亚大学迎来了一位中国青年学子陈鹤琴，因为他的出现，中国幼儿教育和幼儿师范教育才有了较为完整的体系。

陈鹤琴一直记得，当年一声汽笛长鸣过后，邮轮驶出了上海吴淞口，祖国越来越远，而海上景象越来越开阔。当同船的其他学子还沉浸在对美国的向往中时，陈鹤琴已经开始考虑自己的人生志向。最开始他打算学医，过了三四个不眠之夜后他确立了自己的志向：学教育，学成回国从事教育。挽救衰败的祖国，必须从教育开始。

他在后来的回忆中写道："现在我要自己问一声：究竟我的志向是什么？我的志向是为个人的生活吗？决不！是为一家的生活吗？也决不！我的志向是要为人类服务，为国家尽瘁。"在年轻的陈鹤琴看来："医生是医病的，我是要医人的，医生是与病人为伍，我是喜欢儿童，儿童也是喜欢我的，我还是学教育，回去教他们好。"

抱着这样的志向，陈鹤琴走进了有 100 余年历史的名校哥伦比亚大学。彼时的哥大，教育大师云集，杜威、克伯屈、桑代克……其中，克伯屈的教育哲学课程给了陈鹤琴深远的影响。在教育哲学课上，克伯屈总是把学生分成几十个小组，每人发一张纸，纸上印上几十个问题和十几种参考书，要求各小组就所选的问题去图书馆查阅参考书，然后在小组内进行讨论。正式上课时，针对教师所提问题，各组提出各自观点并进行辩论。各组成员充分发表意见之后，教师再作总结。这种教学方法遵循了实用主义

"问题—探索"的基本程序，强调学生的主体地位，提升学生主动解决问题的能力。这种教学法大大启发了陈鹤琴，他称之为"兴奋剂"。陈鹤琴还跟随孟禄教授学习教育史，跟随桑代克、伍沃斯特教授学习心理学，一学就是两年。

赤子情怀　投身教育

1919 年 9 月，五四运动过去 4 个月后，陈鹤琴回到祖国，成为南京高等师范学校教授。此时的陈鹤琴，与诸多同时代的教育家不同，他更加注重教育的专业性、科学性，注重学生的评价。他还编写了《语体文应用字汇》，对汉字字频进行统计，根据字频多少进行母语的教育实践。同时，平民教育在全国方兴未艾，有着数千年蒙学和私塾教育传统的中国却没有一所幼儿园，陈鹤琴为之感到遗憾……

第二年年底，陈鹤琴的儿子陈一鸣出生了，这是一件影响陈鹤琴的大事，这件事甚至与中国幼儿教育紧密联系在了一起——陈鹤琴终于有了一个办幼儿园的"对象"。初为人父的陈鹤琴，对儿子疼爱有加。从儿子的第一声啼哭起，陈鹤琴开始了他的儿童研究之旅，他用白话文和当时看来相当奢侈的相机，采用有文有图的方式记录儿子的生活。有时候为了向学生传授幼儿知识，陈鹤琴甚至把儿子带到课堂上。陈一鸣发育良好，再加上突出的家庭教育，他在众人面前并不怯生，大人对他笑，他就跟着笑；大人教他说话，他也跟着学。对儿子的"跟踪研究"持续了 808 天，不管是专业性还是科学性，陈鹤琴的这一做法可谓开了中国研究儿童之先河。陈鹤琴利用对儿子的观察所收集的资料编成《儿童研究纲要》，作为东南大学及江苏省立第一女子师范学校讲授儿童心理课的讲稿。

3 年后，陈鹤琴在南京鼓楼自家的客厅创建了一所幼稚园，招收的都是南京高等师范学校教授的儿女，共计 12 人。陈鹤琴阐述他的办园初衷和宗旨时说："……为了孩子，为了中国的幼稚教育，为了中华的振兴，我决心办一所幼稚园来进行实验。这便是办园宗旨。"陈鹤琴亲自担任园长，聘请东南大学美籍教师洛林斯为顾问，美国女教师卢爱琳担任指导员，东南大学附属中学甘梦丹为教师，正式对外招生。1925年，由东南大学涂羽卿、陆志韦、董任坚、张子高和甘梦丹等10人成立董事会，发起募捐筹建园舍，在陈宅附近购买了3亩土地，除建园舍外，还开设了游戏场、小花园、小菜地、小动物园。这是中国幼儿教育史上一盏微弱的灯火，却照亮了中国幼儿教育光明的未来。

陈鹤琴把鼓楼幼稚园的课程目标定位于"做人，做中国人，做现代中国人"。两年后，在陈鹤琴的参与、支持和指导下，中国第一所乡村幼儿园——南京燕子矶中心幼稚园于1927年11月开学，面向3—6岁儿童招生，实施"来者不拒""不来者则送上门去"的免费教育方针。办园经费则由当年与陈鹤琴同船赴美的陶行知筹集。

再后来，从幼稚教育研究会到中华儿童教育社，陈鹤琴一生致力于儿童和儿童教师教育，为近现代中国的幼儿教育和幼儿师范教育作出了巨大贡献。

关爱儿童　改革教育

"活教育"是陈鹤琴毕生为之奋斗的目标，新中国成立后，他曾一度因此受到不公正对待，但是他对教育事业的贡献不仅为后人所铭记，还成为当今教育改革的宝贵借鉴。

陈鹤琴开了中国儿童心理、家庭教育、幼儿教育科学研究的先河，留下了400多万字的著作，并被编为陈鹤琴教育文集。他推进了中国幼儿教育的中国化、科学化。他在弥留之际，用颤抖的双手写下"我爱儿童，儿童也爱我"，为中国儿童教育事业奉献了一生。

陈鹤琴主张"教活书，活教书，教书活""读活书，活读书，读书活"，其"活教育"思想是中国现代教育思想的重要起源。"活教育"思想的诞生得益于陈鹤琴学贯中西的学养、广泛而深入的教育实践、对儿童最真挚的热爱和对儿童发展最热烈的期待。

为了心中的热爱，他对长子进行了 808 天的持续观察、实验与反思，写出了《儿童心理之研究》《家庭教育》，唤起万千国人、万千家庭对儿童的关注；他坚持扎根实践，创办幼稚园开现代幼儿教育先河，先进的理念和科学的育人方法影响了一代又一代儿童的教育、成长环境。陈鹤琴先生说"我是喜欢儿童，儿童也是喜欢我的"，最美的教育不就是一场这样的忘年"双向奔赴"吗？

陈鹤琴先生提倡儿童中心，批判传统教育把儿童看作"小人"或不把儿童"当人看"，认为儿童不是成人的缩影，而是有他独特的生理、心理特点的，要做好儿童的教育，就必须要拥有"儿童立场"。当前教育改革仍在倡导"以学生为中心"的教育理念，陈鹤琴先生当年的思想在今天仍然有着重要的现实意义。

"活教育"思想关注的是人的发展，而不是冷冰冰的知识；主张课程要纠正死读书缺陷，走进广阔的自然与社会；教学过程要彰显儿童主体地位，提出"做中学、做中教、做中进步"的方法论。如今，这些思想仍活跃在基础教育各学科课程标准和各类教育改革文件之中，让我们更加感慨陈鹤琴先生和像他一样的大师们是如何在那个充满艰苦的年代创造出如此灿烂的思想星空的。

1."活教育"思想体系

（1）"活教育"的目的论。

陈鹤琴指出，"活教育"的目的是"做人，做中国人，做现代中国人"。他从"做人"开始，把教育目的划分为依次递进的三个层次。这样的人应具备以下五个方面的条件：要有健全的身体，要有建设的能力，要有创造的能力，要能够合作，要有服务精神。

（2）"活教育"的课程论。

鉴于传统教育的弊端，陈鹤琴提倡"活教育"，提出到大自然、大社会中去寻找"活教材"。陈鹤琴所谓的"活教材"是指取自大自然、大社会的直接的"书"，即让儿童在与自然和社会的直接接触中，在亲身观察中获取经验和知识。他把"活教育"的内容具体化为"五指活动"，即健康活动、社会活动、科学活动、艺术活动和文学活动，其目的是促进儿童的全面发展。

（3）"活教育"的方法论。

陈鹤琴认为"做"是学生学习的基础，因此也是"活教育"方法论的出发点。陈鹤琴在强调做的同时，还强调思维的作用。他把"活教育"的教学过程分为以下四个步骤：一是实验与观察；二是阅读与参考；三是发表与创作；四是批评与研讨。这四个步骤是教学过程的一般程序，不是机械的、割裂的，它们同样体现了以"做"为基础的学生的主动学习。

"活教育"的课程是把大自然、大社会作为出发点，让学生直接到大自然、大社会中去学习。

"活教育"教学方法有一个基本的原则，就是"做中教，做中学，做中求进步"。这一原则脱胎于杜威当年在芝加哥所主张的"做中学"（learnings by doing），但较杜威的主张更进了一步，不但要在"做"中学，还要在"做"中教；不但要在"做"中教与学，还要不断地在"做"中争取进步。

"活教育"对教师的要求是：要爱护儿童；要了解儿童；要有积极的态度；要有研究的精神；要有改造环境的能力；除具有国语修养外，须有一种专门学科的特长；要有健全的体格。

2. "活教育" 的教学原则

（1）凡儿童自己能够做的，应当让他自己做。

（2）凡儿童自己能够想的，应当让他自己想。

（3）你要儿童怎样做，你应当教儿童怎样学。

（4）鼓励儿童去发现他自己的世界。

（5）积极的鼓励胜于消极的制裁。

（6）大自然、大社会是我们的活教材。

（7）比较教学法。

（8）用比赛的方法来增进学习的效率。

（9）积极的暗示胜于消极的命令。

（10）替代教学法。

（11）注意环境，利用环境。

（12）分组学习，共同研究。

（13）教学游戏化。

（14）教学故事化。

（15）教师教教师。

（16）儿童教儿童。

（17）精密观察。

这 17 条教学原则是陈鹤琴 "活教育" 理论的集中体现，对教育实践具有指导意义。

3. "活教育" 的特征

（1）一切设施、一切活动以儿童为中心，学校里一切活动差不多都是儿童的活动。

（2）教育的目的在于培养做人的态度，养成优良的习惯，发现内在的兴趣，获得求知的方法，训练人生的基本技能。

（3）一切教学，集中在做，做中学，做中教，做中求进步。

（4）分组学习，共同研讨。

（5）以爱以德来感化儿童。

（6）儿童自定法则来管理自己。

（7）课程是根据儿童的心理和社会的需要来编定的，教材也是根据儿童的心理和社会的需要来选定的，所以课程是有伸缩性的，教材是有活动性且可随时更改的。

（8）儿童天真烂漫，活泼可爱，学习时很静很忙，游戏时很起劲很高兴。

（9）师生共同生活，教学相长。

（10）学校是社会的中心，师生集中力量，改造环境，服务社会。

我们一定要认真学习陈鹤琴先生敢为人先和甘于寂寞的实践精神，不断从"活教育"思想中汲取养分，坚守"儿童立场"，努力为办好人民满意的教育作出应有的贡献。

陈鹤琴创立了中国化的幼儿教育和幼儿师范教育的完整体系。他从事的幼教事业是全面的、整体的，从托儿所、婴儿院开始到幼儿园和小学；在师资培养方面创办了中等幼师和高等幼师专校。陈鹤琴为了配合幼儿教育与儿童教育的需要，创办了儿童玩具教具厂，根据儿童心理的发展程度，制作了多种形式的玩具与教具。陈鹤琴为了丰富儿童的知识，根据儿童的心理特点，编辑出版了不少儿童课外读物，如《中国历史故事丛书》《小学自然故事丛书》等。这些儿童读物语言生动活泼，图文并茂。他还创办了供幼教、小教界教师工作者阅读与学习的多种辅导性刊物，如《幼稚教育》《儿童教育》《小学教师》《活教育》与《新儿童教育》等。为了推广与普及幼儿教育和儿童教育，陈鹤琴还创办与领导了中国幼稚教育社、中华儿童教育社，通过学术团体的活动，对幼儿园教师、小学教师和教育研究者进行辅导。

"一个人总是要有志向，定了志向，再定学什么，干什么。""没有爱的教育就像一片沙漠、一座冰窟。"陈鹤琴讲述他当年选择儿童教育作为终身事业的时候，总要说。

陈鹤琴的幼儿教育理念是先进的，指出并打破了传统教育的弊端，他的教育理念是与时俱进的，更有利于孩子未来的发展。"活教育"是陈鹤琴教育理念的核心，他是难得的人师。

正如陈鹤琴倡导的："所有的课程内容都要从人生实际生活与经验里选出来。"生活是完整的，生活中自然地融入了健康、语言、科学、艺术、社会等多个领域的内容；生活又是多变的，人们在多姿多彩的生活中无时无刻不在经历着生动又有趣的变化。教育源于生活，也应该适应于生活，匹配于生活。所有的课程都应该是从实践生活中得出来的，实践是检验真理的唯一标准。幼儿时期就应该直观地让孩子去感受生活。生活环境对一个人的影响是很大的，也是潜移默化的。

现代中国无时无刻不在发展不在进步，"活教育"强调要做一个现代中国人，就需要让孩子了解中国的大环境、中国的特色，所有的发展不应该与大发展大方向背离。首先应该从健全的身体、具有建设的能力、拥有自我的创造力、互相配合的能力、为人民服务的精神 5 个方面去培养；然后让孩子在大环境中、自然环境中真真切切地去感受、去学习，而不是纸上谈兵，背离现实。只有两者相互结合，才能增加孩子的亲身感受，才能使孩子深刻地理解和记忆。同时学习中还要鼓励孩子去创新，鼓励孩子说出自己的想法，做到吸收、改造、创新。陈鹤琴的教育理念打破了以学科组织教学的传统模式，以活动中心和活动单元的形式为主，具体包括 5 个方面的活动，称为"五组活动"：儿童健康活动（包括体育活动、个人卫生、公共卫生、心理卫生、安全教育等）、儿童文学活动（包括童话、诗歌、故事、剧本、演说等）、儿童社会活动（包括动物园、植物园等）、儿童艺术活动（包括音乐、美术、工艺、戏剧等）、儿童自然活动（包括动、植、矿、理化、算术等）。从"活教育"的基本原则"做中教，做中学，做中求进步"可以看出，该理念更加注重实践，注重与社会、生活、环境相匹配的实践活动。这种先进的教育理念打破了传统的学科模式，不仅适用于幼儿教育，在小初高的教育中也具有很重要的指导意义。

陶行知有句批判旧教育的名言："教死书，死教书，教书死；读死书，死读书，读书死。"陈鹤琴对挚友的这句名言非常欣赏，进而提出一定要把这种"死气沉沉的教育"改变为"前进的、自动的、活泼的、有生气的教育"，使教师"教活书，活教书，教书活"，让儿童"读活书，活读书，读书活"。这也是陈鹤琴先生"活教育"思想的发端。

"儿童的世界是儿童自己去探讨发现的，他自己去发现的世界才是真世界。"作为一名大学教授，陈鹤琴最喜欢的却是与孩子们在一起，他会亲手给儿童设计玩具，创造一些生动活泼的教学游戏，他鼓励儿童去发现自己的世界，让儿童自己去想去思考。同样，在幼师教育上，他也遵循着"活教育"的思想。抗日战争期间，不惑之年的陈鹤琴流亡到江西，创办了江西幼稚师范学校。这是一所没有围墙的新型学校。他的"活教育、活教材、活学生、活老师"思想，为中国幼教事业播撒了"活教育"的种子，并逐渐生根发芽，影响至今。

强国必先强种，强种必先强身，强身必须先注意儿童。抗日战争爆发后，陈鹤琴先后在南京、上海发起了儿童保育会，为难童们奔波，传播文化知识，宣传抗日道理，进行爱国主义教育。"凡百救济事业，先从儿童做起，遇到危险，先救儿童"，在危难关头，陈鹤琴为自己的学生借船，别人问："你家有多少孩子要借船？"他说"我有一百多个孩子"。陈鹤琴是在用科学研究中国的儿童教育，更是在用爱推进中国的儿童教育。当这些孩子处在水深火热中时，他发出宏愿：愿今后全国的父母们都具有教育常识，切实了解儿童心理和儿童期的价值；愿全国的教师们抱着鞠躬尽瘁、死而后已的精神去教导儿童、训练儿童，使他们成为健全的公民。陈鹤琴是这样说，也是这样做的，并为之奋斗了一生。

对于陈鹤琴深厚的儿童教育情结，我国著名心理学家、中国工程院院士潘菽先生曾说："他确实是一个很真诚的人，一个很淳朴的人，一个热情洋溢的人。只有这样一个人才能真正热爱儿童，儿童也才能喜欢他。"

附：拓展资料 ◎

陈鹤琴论"活教育的目的"[①]

"活教育"的目的到底是什么？我想一定会有人提出这一个问题，我可以很简单地回答说："活教育的目的就是在做人、做中国人、做现代中国人。"

诸位一定想，哦！原来就是这么一回事吗？那还不是老生常谈吗？

不错，中国的教育应当和外国的教育有所畛畦，它自有它的特性。这"做人、做中国人、做现代中国人"就是中国教育唯一的特点，不

陈鹤琴

---

① 陈鹤琴：《陈鹤琴全集》（第四卷），江苏教育出版社 2008 年版，第 274—276 页。

苟同于其他各国的教育目的。

亲爱的读者，我希望你千万不要把"做人、做中国人、做现代中国人"这一句话轻易放过。要晓得这一句话就是我们终身致学的目的。我们虽生而为人，生而在中国，生而在现代的中国，可是有哪几个真正知道做"人"呢？有哪几个真正知道做"中国人"呢？更有哪几个真正知道做一个"现代的中国人"呢？做"人"不易做，做"中国人"不易做，做"现代的中国人"更不易做。你要做一个"现代的中国人"起码要具备几个条件。哪几个条件呢？

第一，要有健全的身体。身体的好坏，对于一个人的道德、学问有极大的影响。在外国素来把身体的健康看得很重，像美国更把健康列为学校七大目标训练的第一项，这是何等看重身体的健全，我们中国人向来被人讥为"病夫"，一到 50 岁就倚老卖老，自居朽木，准备息影家园，以娱"晚年"了。可是外国人在这样的年龄，正是开始做事呢！这是什么原因？无非是因为我国人体质太差而已，所以在这种情形之下，我们中国人对于这一点当然要特别注重。我们有了健全的身体，才能应付现代中国艰巨的事业，这是毫无疑义的。

第二，就是要有建设的能力。有人说："有破坏然后有建设。"这句话或许有一部分的正确性，可是我们中国却向来破坏多于建设，结果呢？弄得凡百俱废，如偶有人努力于建设事业，反会被人嫉妒，指为好出风头，这真不是好的现象。我们急切需要的是各种建设。诸如文化、建筑物、山林古迹等等，不仅要消极地保存，还要积极地建设。就学校来说，学生在校里应当训练他们从事于种种建设工作，大一点的为开辟校园、农场，设立工厂、图书馆，小一点的，修筑道路，整理桌椅，粉刷墙壁，布置环境，学校里面的一切东西一有损破，就要学生自己去修好，一有缺点，就要学生自己去补救。过去学生的建设能力往往太薄弱，现在我们要把它培养起来，以适应国家的需要。

第三，就是要有创造的能力，中国人的创造能力本来是很强的，不论是文化还是制度，在古代就很发达，只因近数百年来因循苟且不知创造，及至科举一兴，思想就格外受到束缚，一股文人学士，摇笔呐喊的能力本领虽有余，而创造能力则不足。时至今日，我们急需培养儿童这种创造的能力。儿童本来就有一种创造欲，我们只要善为诱导，善为启发，可以事半而功倍。例如苏联的儿童竟能组织北极探险队，苏联的科学馆中陈列着许多的儿童作品，什么飞机模型呀，汽车呀，精巧绝伦，就是成人做起来也不见得胜过他们呢！我有一个做工程师的朋友曾告诉我一件事，我觉得十分有意思。他说英国有一个汤纳公司（Turnered co.）是专门做玩具的。起初他们做的玩具都是装置完好的，让小孩子买去玩好了，后来有一次那公司负责人汤纳先生看见一个小朋友把玩具飞机、坦克等东西零零碎碎的

中華兒童教育社概況

一、發展簡史

中華兒童教育社，創立於中華民國十八年，創立之初，僅有社員四十七人，經過八年的發展，至民國二十六年，已增至社員四十餘人，總社設於南京，分社漸設於各大城市，抗戰軍興，總社隨政府西遷，設於陪都重慶之北碚，獨日感艱難困苦中，仍繼續發展社務，使各地之社務精神，源入內地各省，八年之間，又增社員及分社甚多，勝利後，總社隨政府復員，設於南京太平路三八二號，各項工作，又積極展開，現在分社已普設於各省市，社員已逾萬人，本社不但為國內研究兒童教育的中心，且參加國際新教育同盟（New Education Fellowship）及世界教育專業組織（World Organization of the Teaching Profession）對於世界兒童教育之改進，亦頗多貢獻。

二、主要業務

本社規定業務的總目標有三：

一、研究兒童教育
二、推進兒童福利
三、提倡教師專業精神

根據上列三大目標，用下列各種工作方式，以推動有關兒童教育的各項業務，如：（1）研究問題（2）實驗方案（3）提倡風氣（4）建議政府（5）編譯開箱（6）流通書報（7）編助社友（8）輔導教師（9）採訪資料（10）聯絡研究等各按時地的需要，酌作計劃的進行。

《中华儿童教育社概况》（节选）

拆下来，又左凑右拼的配上去，仍旧装配成一件完好的玩具。他看了觉得很有意思，就索性把各种玩具的零件卖给小朋友，让他们自己去装配，到后来更进一步，他特意制造了许多小机器，让小朋友四个一组五个一组，自己动手制造各种玩具。小朋友竟比玩玩具更高兴得多，连饭都忘记吃了。这证明儿童是喜欢创造的，我们只要加以适当的训练，不难养成他们这种可贵的能力。

第四，就是要能够合作。我们中国人个性很强，喜欢各自为政，在团体活动中，常常缺乏合作能力的表现。外国人则不然，对于团体工作（team work）极其注重，常能牺牲小我，以成全大我，这种合作的精神，着实值得我们钦佩。回顾我们自己，不免有些惭愧，当初南洋各地都是我们中国一手开发，经济力全操纵在华人手里，可是因为我们缺乏合作，被外国的资本家把我们各个击破，将经济权控制到他们的手里。新加坡的陈嘉庚就是被外国的橡胶公司打倒的，这好比打仗一样，你赤手空拳，孤立无援，怎么不会被人打败呢？外国人骂中国人为一盘散沙，可说一点也没有挖苦我们，自己一想就不禁要为之寒心。所以我们对于小朋友从小就要

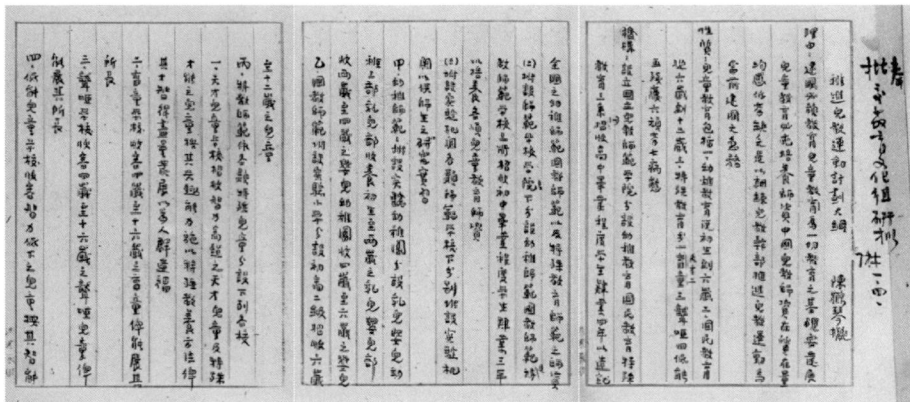

陈鹤琴拟《推进儿教运动计划大纲》（节选）

训练他们能合作，能团结，这才能使他们配做一个新中国的主人翁。

第五，就是要服务。总理曾经指示我们："人生以服务为目的。"如果我们训练的儿童，熟读各种知识和技能，可是不知服务，不知如何去帮助人，那这种教育就可以说完全无意义，人原是利己的，如何制止这种劣性而养成一种崇高的德性，这就是教育的目的，也就是使人与动物有所区别。动物在生了小畜的时候，发生一种母爱，可是这也只限于极短的时期，过了这个时期，小畜长大了，就又要互相争夺，互相噬咬了。狗是如此，猫是如此，动物莫不如此。人如果也不知道助人，不知道为大众服务，那么就一定变做一个自私自利，只知道有我不知有他的市侩，与禽兽也就相去不远了。如果人人如此，那么民族的生存极堪忧虑，国家的前途也万分危险了。

上面所说种种，可见要做一个"现代中国人"是非常不易的。"活教育"的目的就是要训练儿童做这样的"人"。做这样的"中国人"，做这样的"现代中国人"。

声乐教育事业的奠基者：喻宜萱

喻宜萱（1909年9月6日至2008年1月8日），江西萍乡人。中国著名女高音歌唱家、声乐教育家、中央音乐学院教授，新中国声乐事业的主要开拓者和奠基者之一。曾任中央音乐学院副院长并创建中央音乐学院声乐系，将民歌《康定情歌》唱红。全国政协第二、三、四、五、六届委员。20世纪50年代，喻宜萱为建立和完善中国民族音乐教育体系作出了重要贡献，为中国的声乐界培养了几代人才，到晚年仍在为音乐发展不遗余力地做贡献。著有《我与音乐》《中国独唱歌曲集》等作品。

喻宜萱1909年9月6日生于江西省萍乡县清溪乡。祖父喻兆藩为晚清翰林，曾任宁波知府、宁绍道台；父亲喻相平为清末举人，留学日本，

喻宜萱

曾任南昌市政厅厅长；母亲张麦秋性情娴静，心地善良，育有喻宜萱姊妹三人。

　　喻宜萱自幼受到家乡自然风光和中国传统文化的熏陶。13 岁前读私塾，1922 年插班入萍乡县立小学读四年级，长于国文、英语等课程，酷爱体育运动，习月琴、笛子，兴趣广泛。1925 年考入江西南昌第一女子师范学校。1927 年随全家移居上海，翌年遵父命入刘海粟任校长的上海私立美术专科学校（即今南京艺术学院）图音系学习钢琴，不久被李恩科发现声音条件非同一般，遂兼从李恩科学习声乐。1929 年夏，考入蔡元培和萧友梅创办的上海国立音乐学院（后改称上海国立音乐专科学校，即今上海音乐学院），师从俄罗斯戏剧性女高音斯拉维安诺芙夫人学习声乐三年，深得老师赏识。后又师从声乐组主任周淑安先生。其间，曾兼任中小学音乐教师以贴补学费，并经常在校内外的音乐会上演唱，保留曲目有黄自的《思乡》《春思曲》和《玫瑰三愿》等。参加过集体赴南京请愿、募捐演出等学生抗日活动，高唱《抗敌歌》《旗正飘飘》等爱国歌曲。1933 年，作为上海国立音专的三名首届毕业生之一，喻宜萱由曾任圣彼得堡音乐学院教授的查哈罗夫先生担任钢琴伴奏，成功地举行了毕业音乐会。

毕业后，喻宜萱曾在南京中央大学音乐系任教。1935年初夏赴美国留学，入康奈尔大学，自主选读研究生课程，主修音乐，副修教育学，研修四年。留美期间，担任过教堂唱诗班领唱兼独唱，参加过留学生巡回演讲团，举办过独唱音乐会，在纽约美国国家广播公司主办的青年歌唱家现场转播音乐会和费城等地的电台演唱歌剧咏叹调和中国歌曲。

1939年秋，喻宜萱毅然回到战火纷飞的祖国，在因战乱迁至成都的南京金陵女子大学音乐系任教。1941年夏，到恩施任湖北省立教育学院（后改称国立湖北师范学院）音乐系主任，聘请江定仙、夏之秋、杨大钧、巫一舟等知名音乐家任教。1943年夏，应张治中邀请赴重庆北碚任夏令营音乐总教官。1945年抗战胜利后，喻宜萱辞去教职，专事演唱。先后在成都、重庆、南京、杭州、长沙、武汉、上海、兰州、广州、香港等地举行独唱音乐会，饮誉大江南北，"管夫人"之名一时声闻遐迩。喻宜萱尤喜到各大学、中学开演唱会，曾在复旦、上海交大、金（陵）大、浙大、武大等名校义演，受到师生热烈欢迎。

1947年，应正在西北主政的张治中将军邀请，喻宜萱前往甘肃、新疆举办独唱音乐会。她曾在兰州市郊五泉山脚下的深谷举行免费露天音乐会，全部演唱中国歌曲，听众达两三万人，盛况空前，传为佳话。

喻宜萱受过系统、严格的美声唱法训练，声音饱满洪亮、醇厚、柔润，气息控制自如，富于抒情性、戏剧性，演唱风格亲切自然，热情奔放。喻宜萱较早地将一批西方声乐作品介绍给中国听众，影响广泛；同时又十分重视演唱中国歌曲，用出色的美声唱出中国韵味和情感。由她唱响的《康定情歌》《在那遥远的地方》《青春舞曲》等中国歌曲，风靡中华大地，久盛不衰，至今仍为人民群众所喜爱。

1948 年秋，喻宜萱受联合国教科文组织委派，赴法国、英国、意大利、瑞士等欧洲国家考察音乐教育一年，先后访问了英国皇家音乐学院、巴黎音乐学院、米兰威尔第音乐学院、日内瓦音乐学院等。其间，她在伦敦、巴黎举行独唱音乐会，率先向欧洲听众介绍了包括《康定情歌》在内的一批中国歌曲，成为较早向西方听众传播中国声乐艺术的歌唱家。1949 年 10 月，她不顾险阻，克服困难，毫不迟疑地回到刚刚成立的新中国。

　　回国后，喻宜萱受到政务院和周恩来总理的亲切关怀，参加过在中南海怀仁堂的演出，毛泽东等领导人出席。1949 年 12 月，应时任中央音乐学院党委书记、中国音乐家协会主席吕骥同志的聘请，出任该院教授兼声乐系主任。1958 年 12 月加入中国共产党，1961 年至 1984 年兼任中央音乐学院副院长。1989 年以 80 岁高龄退休。

　　在中央音乐学院执教期间，她殚精竭虑、全力以赴，从教师队伍建设、教材编选印刷出版、教学大纲和计划的制订、课程设置、考试制度和教学规范的制订等方面，引领中央音乐学院声乐系不断成长，培育出一大批卓有建树的优秀声乐人才，为创立和发展新中国声乐教育体系作出了巨大的贡献，成为现代中国声乐教育事业的奠基者之一。

　　中央音乐学院声乐系成立初期缺乏教材，喻宜萱就组织教师自行编写。她亲自动手，将"五四"以来和当代许多优秀声乐作品结集成册，出版了《中国歌曲》（1—4 册）、《独唱歌曲集》、《声乐教学曲选》等；又与其他教师一起译配了许多优秀的西欧古典艺术歌曲和歌剧选曲，出版了《法国艺术歌曲》《外国歌曲选》《西班牙歌曲集》和《西洋歌剧咏叹调》等教材。

　　喻宜萱重视声乐师资队伍的建设，从 20 世纪 50 年代起，她所主持的中央音乐学院声乐系陆续聘请了富有实践经验和理论修养的沈湘、汤雪耕、蒋英、吕水深、杨彼得、王福增、李维渤等名家任教，选送郭淑珍、黎信昌、吴天球等杰出青年出国深造，又将周美玉、叶佩英、王秉锐等优秀毕业生留校任教。声乐系还建设起一支过硬的钢琴伴奏教师队伍。

喻宜萱努力探索美声唱法与民族民间音乐结合的道路，多次求教于河北梆子名家韩俊卿、京韵大鼓名家骆玉笙等，学习单弦和滇、陕等地民歌，开创了具有中国特色的声乐教学新局面。

喻宜萱以"求得音乐的普及"为目标，主张"音乐是一种教育，不是少数人的消遣品"。她十分重视学生声乐技巧的训练、表现能力的扩展和文化修养的提高，注意培养学生深厚、丰富的音乐旨趣。她从事声乐教学数十年，不断将理论与实践相结合，学习、探索、创新、总结，逐步形成了一套内容丰富、特色明显、比较完整的声乐教学体系，取得了丰硕的教学成果，培养了聂中明、胡静华、李桃、周美玉、罗忻祖、陈瑜、文征平、郭凌弼、黎信昌、李光伦、李双江、汪明洁、张松益、薛明、龚敏、周维民、田鸣、王惠英、张凤宜、梅卿、赵春琳等众多声乐人才。

她坚持艺术实践，带领师生到农村、工厂、工地、军营为群众演出。在 20 世纪 50 年代的治淮工地上，她与农民同吃同劳动，给他们读报，教他们识字，为他们修改文章。

喻宜萱勤于探索，在丰富的声乐表演和音乐教育实践基础上，潜心研究，发表了许多学术论文和文章，如《音乐院校声乐教学中的几个问题》（1957）、《声乐训练在歌唱中的重要性》（1980）、《有关声乐艺术的几个问题》（1981）、《美声歌唱》（1982）、《声乐教学漫谈》（系列文章，1981—1983）、《法国艺术歌曲》（1984）等。她还主持翻译、出版了多种外国音乐书籍。退休以后，她又将有关莫扎特女高音咏叹调的教学笔记结集成篇出版（1991），为若干首法国艺术歌曲写出详细的演唱提示（1996），翻译发表《埃伦·佛尔谈声区统一方法》（1999）、《阿尔弗雷多·克劳斯》（2000）等文，出版专著《我与音乐》（1986 年港版，1989 年鲁版)、《喻宜萱声乐艺术》(2004)。喻宜萱谙熟英文，通识法、德、意、俄文，年近八旬之际又开始自学西班牙语。2000 年至 2007 年，九秩高龄的喻宜萱仍思维敏捷、笔耕不辍，编译出版了《德彪西、拉威尔、普朗克艺术歌曲选》《柏辽兹、比才、迪帕克艺术歌曲选》《罗西尼、多尼采蒂、贝利尼艺术歌曲选集》《古斯塔夫·马勒、理查·施特劳斯艺术歌曲选集》《拉赫玛尼诺夫浪漫曲选集》《福雷艺术歌曲选》等 6 部外国艺术歌曲集，收录 240 余首具有代表性的优秀作品。

1951 年春，喻宜萱随中国艺术家代表团赴捷克斯洛伐克参加"布拉格之春"音乐节并在巡回演出中担任独唱。1953 年冬，参加中国人民赴朝慰问团为志愿军慰问演出。她还曾随中国人民代表团、中国妇女代表团、中国劳动人民代表团参加赫尔辛基保卫世界和平大会、瑞士洛桑世界母亲大会和苏联建国 40 周年庆典等国际交流活动。1957 年夏，应邀赴莫斯科担任第六届世界青年联欢节声乐比赛评委。1960 年夏，应邀赴德意志民主共和国担任舒曼国际音乐比赛评委。

1956 年被评为全国先进工作者。1960 年被推选为中国文学艺术界联合会全国委员会委员。1983 年被聘为《中国大百科全书》音乐卷编委兼声乐分支主编。1985 年被推举为中国音乐家协会顾问。2001 年 5 月获中国文联、中国音乐家协会主办的首届中国音乐金钟奖终身成就奖。2007 年 9 月获中国文联第六届造型表演艺术成就奖。

历史教育名师：熊德基

熊德基(1913—1987)，又名吕晓、鉴堂，江西南昌人，先后担任厦门大学党支部书记、中共闽西南厦门临时市委书记。1937 年在国民党江西省党部任职，主要从事党的地下工作。1939 年入西南联合大学学习，其后曾在湖南蓝田国立师院、厦门大学、福建师院任讲师、副教授、教授等职。1957 年调中国科学院历史研究所（现中国社会科学院历史研究所），长期从事金史、道教史、魏晋南北朝史和隋唐史的研究工作，曾任历史研究所副所长、中国社会科学院研究生院历史系主任等职。主要著作有《中国农民战争与宗教及相关诸问题》《武则天的真面目》。他是享誉中外的著名历史学家，1987 年去世。

熊德基于 1935 年考入中国大学文史系，曾因参加学生抗日活动被国民党当局逮捕，后由校方保释出狱。1937 年加入中国共产党，后两次与党组织中断联系。1946 年受聘于厦门大学，担任历史系副教授，开设"中国通史"和"中国近代史"课程。熊德基老师到厦大的时间，正是校内外学生运动风起云涌的年代。他和进步教授一起，多次发表声援学生运动的文章。

次年春与中共闽西南地方组织取得联系，继续为党工作，并担任厦门

1979 年，中国社会科学院历史研究所学术委员会成立留影。后排左起第七为熊德基先生

大学党支部书记。后任中共闽西南厦门临时市委书记，为闽西南党组织领导的游击区输送大批骨干，并为厦门的解放作准备工作。

1947 年台湾人民发动"二二八"起义，遭到国民党反动派的血腥镇压之后，熊德基为进步刊物《实践社》慷慨题词，声援台湾人民的斗争。1947 年 10 月 9 日，熊德基撰写了《我为助学运动呼吁》一文，登载在厦门《江声报》上。他慷慨陈词："助学运动是青年向上的热于求知的运动。这个运动产生于多难的中国是具有伟大的意义。十四年的抗战使中国社会已非常残破。而今日又面临另一个战事。大半个国土都在烽火中，更加强了社会经济的凋敝。直接使绝大多数的国民陷于艰苦，间接则使青年没钱缴膳费而遭遇到失学的威胁。"他指出，青年失学将使国家损失多少英才，而"有骨气有毅力的青年，并不甘于失学。他们根据'人'的权利，有理由要求受教育的机会。每个人都有权要求温饱，要求自由，要求获得知识"。他在文章中还写道："我，一个教书人。也正如厦大的汪校长以及许多教授一样，愿向闽南数百万有正义有热情的人士，为这次的助学运动而呼吁。因为我坚信：每颗心该得到智慧！每个青年该得到教养！"

1950 年 7 月，熊德基任厦门大学校务委员、副教务长，兼教学计划研究部主任及厦门大学党组书记、厦门市学校区委员会委员。1951 年，任福州大学（后改名福建师范学院）教务长、教授。1957 年调北京，任中国科学院古代史研究所所长。1958 年到河北昌黎蹲点，并主持编写《昌黎县志》。1978 年兼任中国社会科学院研究生院历史系主任及魏晋南北朝史专业导师。

熊德基一生读史、教史，又钻研历史，但由于大量时间忙于革命工作，其用于学术研究的时间相对减少。然而这并没有影响他对做学术的热爱，他著述的《六朝史考实》，收录了他一生研究、考证所写的几十篇论文，反映出其严谨的治学态度。正如厦大历史系知名教授韩国磐在该书的序言提到的："然其功底深厚，力学不倦，马克思列宁主义著作及经史百家之书，靡不涉猎，而取精用宏，卓然有立⋯⋯至于史学，乃其主治之学，尤为所致力者，然不轻易着笔，尝与人云：治史必须胸有真知灼见，决不可率而操觚；再则，必须全面掌握资料，为山九仞，尚不可功亏一篑，挂一漏万，更何从取信于人？又则不宜人云亦云，随波逐流，必须有所发明，有所发现，道前人之所未道者。执此以为准绳，亦可略见其治学之严。"

熊德基不仅是一位治学严谨的史学家、教育家，更可贵的是，他从青年时代就积极参加革命。1936 年秋，在中国大学读书时，因参加学生运动而被国民党当局逮捕，两个多月后才由学校保释出狱。他写的几首诗反映了他当年大义凛然、视死如归的气概。

被捕（1936 年农历正月底）

漫天风雪六街愁，谋国宁当株九族。

帝齐刘豫生应愧，临别知交留一语。

披发从容作楚囚，断头何须博千秋。

抗虏文山死不休，莫教老父枉担忧。

狱中不寐（1936 年农历二月初）

铁马悲鸣月色低，朦胧灯影人声静。

睡久无聊闲扪虱，刑场一死须史事。

思亲忆旧壮怀凄，寂寞狴犴鼠影迷。

梦回有泪怕闻鸡，留得遗诗带血题。

出狱（1936 年农历四月）

党锢沈冤历苦辛，铁窗深锁千秋恨。

世乱难逃文字狱，头颅好筑麒麟阁。

天教小劫厄劳人，木栅长封万里心。

时艰敢惜薜萝身，何必生还楚逐臣。

1938 年秋，他参加了中国共产党，激动之余，又赋诗言志：

古意（1938 年入党宣誓）

妾心如金石，妾心如皎月。

此夕既相许，万古不磨灭。

在白色恐怖下，他只能借用"妾""相许"等隐喻，表达他为共产主义奋斗终身的坚贞之志。

1937—1939 年，熊德基任南昌《大众日报》编辑部主任；1939 年后，在西南联大读书及以后任教期间，又历任中共联大师范学院党支部书记、总支组织委员、书记等职。熊德基为抗日救亡做了大量工作。

1946 年秋后，熊德基到厦门大学任教，有一首诗就是写他当时于清晨在厦大海滨漫步的情景：

晨雾初收海色奇，披襟一任海风吹；

印沙足迹无题画，拍岸潮声叠韵诗。

纵目看云消积虑，放怀拾贝养顽痴；

年年避地吾何望，鹭岛犹堪饱蛤蜊。

1987 年 11 月 26 日，熊德基在走完他 74 年的人生旅程之后，溘然辞世。北京大学冯其庸教授送的一副挽联给人留下了深刻的印象，上书："一身正气，两袖清风；四壁图书，几点残墨。"简短的 16 个字，概括了他朴实无华又不平凡的一生。

苦求真知献家国:"中国抽象代数之父"曾炯

百年豫章,科技事业经历了从无到有的不平凡发展历程,不仅先后孕育了中国抽象代数奠基人曾炯、中国计量事业创始人之一郑育民、中国风洞理论研究先驱李毓昌等著名专家学者;还涌现出了被钱学森称之为"智力工程"创始人的顾力兵、徐章英夫妇,显微扩影仪和动物无性杂交实验成果达到国际先进水平的著名生物学家马希贤等一批全国知名专家学者。

改革开放后,学校科技事业经历了改革探索、全面启动、科教兴国与创新发展的不平凡的 40 多年,科技事业蓬勃发展,培养了大量的专业人才,为国家特别是驻地省市经济发展与社会进步作出了卓越贡献。学校成为国家自然科学基金依托单位,拥有 1 个省级管理科学研究基地、1 个省级社会科学普及基地、4 个省级人才培养模式创新实验区、1 个省级教育资源融合中心、1 个南昌市重点实验室。2017 年升本以来,学校获批国家级、省部级科研项目 400 多项,成功立项国家社科基金项目、教育部示范马克思主义学院和优秀教学科研团队建设项目、全国教育科学规划项目、教育部课题等一批国家级重点项目。学校教师的科研成果获江西省自然科学奖一等奖。学校拥有全球前 2% 顶尖科学家、享受国务院政府特殊津贴专家、"国家自然科学基金通讯评审专家""教育部新世纪优秀人才""江西省赣鄱英才555工程人选""江西省科技创新团队领军人才""江西省百千万人才""江西省高校中青年学科带头人""井冈学者""省金牌教师""全省宣传思想文化领域'四个一批'人才"等一批优秀人才。

曾炯

曾炯（1898—1940），江西新余人。1917—1922年在省立一师学习和工作，是我国最早从事抽象代数研究的学者。在有关函数域上代数的研究中获得重要成果。苏步青为《著名数学家曾炯博士纪念文集》题词："创新海外，为国争光。曾氏定理，举世流芳。"

（一）"勤研善思，务实求进"校风根基的初奠

曾炯不但是我国抽象代数的奠基人，而且具有高尚的思想品德和家国情怀。他身上不仅集中体现了中国传统文人的独立人格和知识分子的人文精神，大多知中晓西，是开宗立派的先行者和筚路蓝缕的开拓者；还集中体现了一代又一代知识分子为祖国开拓科学疆土的热忱，求是、求真的探索精神，这是知识分子的中国魂，也是民族进步的灵魂。作为我校早期杰出校友，曾炯好学力行、学识渊博、文采风流、人格高尚，体现了学校"勤研善思，务实求进"的校风。

（1）"人生在世，对国家要尽忠、对父母要尽孝。""对国家要尽忠"是曾炯一生清晰的主线，他是这样说的，更是这样做的，爱国主义精神是曾炯为我国及世界数学事业作出重要贡献的精神动力与源泉。他出生在中华民族危机日益严重的晚清末年，历经苦难，目击社会弊端，洞晓乡亲疾

苦，这也许就是他爱国主义精神萌发的最原始的土壤。[1]

1917 年，他考入设在南昌的江西省立第一师范学校时，革命浪潮风起云涌，反对帝国主义、反对封建主义的口号开始响彻云霄。这种新思潮冲击着他，让他感到很新颖，原来做梦都不敢想的事情，竟然都听到了，都看到了。曾炯深刻认识到辛亥革命是伟大的、是进步的，多次走上南昌街头进行演说，宣传辛亥革命的意义及革命的必要性。曾炯反对军阀分裂、反对张勋复辟、反对袁世凯称帝、反对丧权辱国的《二十一条》……为此，他曾几次遭受殴打，甚至自己的粗布大褂被撕成了碎片，但他不畏强暴，爱国之心、爱民之心更为强烈了。当时，他听很多人宣传富国强兵，认为这很好，他期待国家富强、人民富裕。但是，他认为光靠喊口号，"国"是富不起来的，"兵"也是强不起来的，必须发展科技教育。同时，他认为光是靠买洋枪洋炮和洋机器，也难真正地富强。中国必须得有自己的科学技术，而科学技术要发展，必须以数学为先导。因此他决心学好数学，把数学作为武器，为祖国发展科学技术服务。他还认为：外国的科学要学，但不可以拜倒。中国人必须自立起来，洋人能做到的，中国人也能做到；洋人做不到的，中华儿女也能做得到！[2]

在武昌高等师范学校读书时，他目睹国共合作、北伐节节胜利，很是兴奋。但很快国共合作破裂、社会混乱，人民依旧啼饥号寒！他开始怀疑某些高唱"爱国"的人，并不是真正的爱国者！他悲愤至极，常常情不自禁地吟诵一些爱国诗篇，例如："不论盐铁不筹河，独倚东南涕泪多。国赋三升民一斗，屠牛那不胜栽禾？"曾炯的爱国之情，从童真的朦胧，而

---

① 江西省科学技术协会：《著名数学家曾炯博士纪念文集》，江西科学技术出版社1993 年版，第 94 页。
② 江西省科学技术协会：《著名数学家曾炯博士纪念文集》，江西科学技术出版社1993 年版，第 95 页。

觉醒，而积极兴奋，而失望愤慨，进而探索与发扬中华民族固有的爱国优良传统。他寒暑假从武昌返回南昌，常同几位学数学的同学如王福春、徐谷生等一起论科学、钻数学，谈国事、讲爱国。他常对人说：中华老祖宗就创立了爱国思想，他年轻时读《周易》，发现中国从殷商末和周代初期起，就形成了世人所不及的爱国主义精神。《易经》讲："天行健，君子以自强不息。"他认为，这就是中华大一统的思想，中华民族不可战胜，中华民族将如天一样，永远运行不灭。曾炯还经常教育后辈：要胸襟博大，自强不息，要"厚德载物"。他认为作为中华优秀传统文化的传人，德要厚，品格要高，气量要大，要拥有和大地一样恢宏的气度和精神。他高度赞扬中国历史悠久、根深叶茂的爱国主义精神。

曾炯同竺可桢交往甚深，早在抗战前，他们就同住当年浙大"校长公社"二楼，可说是朝夕相处。工作之余，他们常在一起讨论学术问题，讨论爱国主义的教育问题[①]。1937 年 7 月，抗日战争全面爆发后，曾炯任教于国立西北联合大学。1939 年，他又受原北洋大学校长、著名水利专家李书田之邀，加入了新创立的国立西康技艺专科学校（以下简称康专）。当时，学校的许多爱国师生纷纷起来呼吁政府救亡图存，学潮不断。面对学潮，国民党政府要求把参加学潮的学生开除出校，由此学生的罢课游行反而此起彼伏。对此，康专多次秘密开会，决定开除一些学生，但曾炯坚决反对。他不顾一切，写大字报公开贴在学校最显眼的墙上："……学生爱国呼声，义正词严，何罪之有？国土沦丧，岂能不许国人誓保？国权旁落日寇之首，为什么不许志士誓挽？国耻如山，怎可不由誓雪？而官贪吏污，汉奸卖国，哪有不准誓除之理？如今卖国者荣，

① 江西省科学技术协会：《著名数学家曾炯博士纪念文集》，江西科学技术出版社 1993 年版，第 96 页。

爱国者杀，倒行逆施。是乃国家将亡，必有妖孽！'长淮横溃祸非轻，坐见中流砥柱倾？'……"[①] 令人感动的是，1940 年上半年，曾炯还抱病支持学生的爱国行为，反对开除学生。曾炯留学回国后对人谈道："人生在世，对国家要尽忠，对父母要尽孝，我就是为了尽忠尽孝才回国的！"

当年留学期间，他不仅放弃哥廷根大学的挽留毅然回国，而且婉言谢绝了一位年轻貌美的德国女子想同他结成伴侣的提议。原因很简单，他说："此地虽云好，不如早回家！"[②] 他为了祖国科研和教育事业的发展不辞劳苦，虽然仅仅在回国任教短暂几年之后便英年早逝，但是他的足迹遍布东西南北，并在多所学校工作任职。他先后在浙江大学、北洋大学、国立西安临时大学、国立西北联合大学、国立西北工学院和康专任教。他在十分艰苦的条件下坚持为学生讲授知识，同时积极参加爱国运动，尽情挥洒一腔热血。

（2）勤研善思、务实求进、殚精竭虑。在被浙江大学数学系聘为副教授期间，浙江大学校长竺可桢和数学系主任苏步青对曾炯都很器重。他主讲抽象代数和群论等课程，尽心尽力地传授新知识，培养出了很多出色的学生。曾炯教学严谨、勤研善思，授课思路清晰、生动有趣，学生常被他生动的讲课内容所吸引。曾炯为人豁达诚恳、关爱学生、务实求进，他当时用英文和德文教学，但是发给学生的都是中文讲义。他将懂德语的同学熊全治的课堂笔记进行补充和修改，编成讲义，装订成册印发给全体学生。他回国后的第二期工作是在北洋大学、国立西安临时大学、国立西北联合大学、国立西北工学院，相较于第一期和第三期工作，这一期的工作

---

① 江西省科学技术协会：《著名数学家曾炯博士纪念文集》，江西科学技术出版社1993 年版，第 101 页。

② 江西省科学技术协会：《著名数学家曾炯博士纪念文集》，江西科学技术出版社1993 年版，第 97 页。

颇具周折，亲历了战时中国高等教育的迁徙和发展，在民族危亡的时刻依然传道授业，克己奉公。

由于抗战爆发，平津很多高校无法继续办学。北洋工学院、北平大学和北平师范大学、北平研究院等奉命迁至西安，联组为国立西安临时大学。西安临时大学的成立，正如临大校刊发刊词所言："临大合平大、师大、北洋极有历史之三院校，经过不少之曲折历程，始在西北重镇宣告成立，在教育史上实一创举。"1937年10月底，曾炯也随校一起辗转到达西北。在战争条件下，国立西安临时大学遇到极大困难，校舍和教学设备奇缺。教师需要自找民房分散居住在全市。因此不少教师上课要步行很远，完全是战时流亡的教育状态。曾炯在西安临时大学期间，住在西安市郭监士巷十九号，西北生活虽然艰苦，学术气氛却十分浓厚。随着日寇对中国侵略的步步深入，潼关告急，西安形势日趋危急。于是，国立西安临时大学又迁至汉中，更名为国立西北联合大学。后因多种原因，国立西北联合大学各校分立。1938年7月，西北联大工学院与东北大学工学院、焦作工学院合并，改组为国立西北工学院，并迁至陕南城固龙头镇。曾炯随校迁移到国立西北工学院执教，为西北的教育事业作出了重要贡献。

1939年春天，国立西康技艺专科学校在西昌创办。原北洋大学校长、筹委会主任李书田奉命赴西昌主办康专，曾炯一同前往。曾炯和部分职工一起，从成都出发，克服凉山的高海拔，步行千余里，历时半个多月，才到达当时非常荒凉的西昌。时值抗日战争时期，康专的条件自然非常差，生活条件也异常艰苦。曾炯即使是在这样恶劣的环境下仍然不忘刻苦钻研，努力教书育人，同时还关心着爱国运动和民族危亡。他和在图书馆当馆员的夫人一起借居在泸山寺庙中，点着煤油灯废寝忘食，认真编写讲义。

遗憾的是由于连年的奔波劳苦，曾炯积劳成疾。同事想把他送到卫生部西康区卫生院（俗称西昌九皇宫医院）住院，但他拒绝住院，坚持上课。校长李书田得知他生病后，非常关心他的身体，不准他走路回学校，为他专门批了车马费。在这种情况下，曾炯仍坚持上课7个多月，直至逝世。真可谓是生命不息，奋斗不止，殚精竭虑，死而后已。

（3）曾氏定理，闻名遐迩、举世流芳。曾炯一生自强不息、奋斗不止，在爱国主义精神的激励下，不仅为我国的教育事业发展和人才培养作出了杰出贡献，而且为中国乃至世界数学学科发展作出了重要贡献。曾炯是中国最早从事抽象代数研究的学者，在抽象代数领域闻名遐迩。他曾用德文撰写发表了3篇震动世界数坛的著名论文，创建了5个定理和一个层次，被世界学者称之为"曾定理""曾层次"。虽然英年早逝，但是他所取得的成就，足以奠定他在中国数学界的地位，也足以令国人骄傲。黄建

数学家苏步青给曾炯的题词

华教授曾把他的 3 篇用德语撰写的论文翻译成中文，收入《著名数学家曾炯博士纪念文集》。苏步青教授为其题词："创新海外，为国争光。曾氏定理，举世流芳。"

为了纪念这位数学界的泰斗，推进我国数学研究进一步发展，2000 年 11 月 30 日下午，西安数学界在西北大学举行曾炯、诺特纪念会。纪念会上，专家学者对曾炯的学术成就给予充分肯定，认为曾炯的刻苦钻研与创新精神，使他成为国际上早期进入抽象代数领域并作出重大贡献的数学家。在我国，他是最早从事抽象代数研究的学者，其影响是深远的。1993 年，江西省科学技术协会专门为他出版纪念册《著名数学家曾炯博士纪念文集》，以此来弘扬他的精神，激励后学。

当今世界，新一轮科技革命和产业变革突飞猛进，科技创新广度显著加大、深度显著加深、速度显著加快、精度显著加强，成为国际战略博弈的主要战场，围绕科技制高点的竞争空前激烈。身处当下的我们，面对先贤，不仅要怀念他们，挖掘和整理他们的思想和成就，更重要的是传承他们心有大我、至诚报国的浓烈情怀，胸怀祖国、服务人民的优秀品质。始终胸怀两个大局，深怀爱国之心、砥砺报国之志，保持强烈的忧患意识，坚定历史自信、文化自信，主动担负起时代赋予的使命责任；始终以"从零开始"的心态积极投身学习和科技创新事业，让学术道德和科学精神内化于心、外化于行，努力提升专业素养，以忠诚和担当、智慧和才能、奉献和牺牲，矢志奋斗，谱写新时代的青春之歌。

（二）在数学王国开拓新领域的曾炯

曾炯是我国研究抽象代数的鼻祖，为近代西方代数学在我国的传播以及我国的科学教育发展作出了重要贡献，以创建"曾定理"和"曾层次"闻名。美籍华裔数学家、菲尔兹奖首位华人得主、中国科学院外籍院士丘成桐教授认为，他是20世纪唯一可与日本数学家齐名的中国数学家。1976年，来华访学的美国著名代数学家麦克莱恩在其学术报告中，列出了11位世界著名代数学家，曾炯是唯一入选的中国学者。

（1）苦难中求学。曾炯是家中的长子，其全家仅靠父亲打鱼为生，生活非常贫困。他少年时，时读时辍，没有条件接受正规系统的教育。幸运的是，作为晚清进士且任过翰林的堂姑父雷恒慧眼识英才，发现小时候的曾炯非常勤奋聪明，于是就竭力主张克服家庭困难送他去读书。曾炯先是在家乡读私塾，无奈的是因生活窘迫，先随父亲打鱼，后经人介绍到煤矿打工。但在此期间，即使生活再困苦，曾炯也未放弃勤学苦读。

1917年，曾炯以同等学力考取江西省立第一师范学校。幸运的是学校免费供应膳食，曾炯通过勤工俭学、帮助学校图书馆整理书籍及写文章来获得一些酬劳，以补贴生活。曾炯学习十分刻苦，别的同学课外去饭馆或者去看戏，他却找安静去处读书学习。晚间自修熄灯后，他悄悄打拳锻炼身体，在路灯下或厕所里看书至深夜。假期回家，即便因家里房子倒塌住在曾氏祠堂的小屋期间，他也不忘读书，坚持学习。他经常一个人在地上默默无闻、聚精会神地演算题目，甚至察觉不到别人从他身边走过。曾炯在江西省立第一师范学校不仅成绩优异，还练得一手好书法。

（2）逐梦中提升。1920年，曾炯在江西省立第一师范学校毕业，按照规定，在南昌和新建等地任小学教师两年。为了心中的梦想，任职期满后，1922年考入国立武昌高等师范学校（今武汉大学）数学系，成为陈建功教授的得意弟子。在陈建功教授的鼓励和引导下，为了逐梦，他萌发了出国留学的愿望，除加倍努力学习规定的课程以外，还学习了德语。经过4年苦读，1926年曾炯顺利毕业，获得学士学位。

大学毕业后，曾炯到江西西北部山区武宁县省立第六师范任教半年

1935年，曾炯在德国哥廷根大学留学（左起为曾炯、陈省身、姜立夫、叶理殿）

多，随后又在江西省立第六中学任教半年多。在此期间，他为了实现梦想一直坚持自学，终于考取了庚子赔款欧美公费留学生。1928年秋，曾炯本应去美国，但是他提出改去德国。之所以想去德国，是因为陈建功教授曾经讲过，他本身是在日本取得博士学位的，但德国的数学博士是最难读的，也是最具价值的，因为哥廷根大学是当时世界数学的中心。曾炯最终在当年启程赴德，进入声名显赫的德国柏林大学数学系学习。

（3）踔厉中辉煌。1929年春天，经过刻苦学习，曾炯便转到哥廷根大学读研究生，指导教师就是被赫尔曼·外尔称为"数学史上最伟大的女数学家"的诺特。据说诺特和曾炯第一次见面时，诺特问："你很像日本人，是吗？"

曾炯回答："不，先生，我是中国人！"

"呵，对不起！大家都说日本留学生最用功，学得最好！"

"先生，是的。学习如逆水行舟，不进则退，我愿跟世界各国的同学们比比！"

豫章师范学院百年校史十讲

"好！祝你成功！"

"谢谢先生！"[1]

时光不负有心人，曾炯在哥廷根大学的 5 年如饥似渴、废寝忘食地学习。当时的哥廷根大学没有独立的数学系，数学只是哲学院的一部分。哲学院分哲学、数学、物理三部分，学位也只设哲学博士，博士论文答辩也由这三部分的教授一起主持。由于纳粹排犹，诺特于 1933 年 4 月被解职，同年 10 月去美国。1934 年，曾炯发表第一篇重要论文《论函数域上的代数》的时候，在题注中对导师 A. E·诺特表达了感谢之情。1934 年，他不负老师期望，在施密特（F. K. Schmidt）指导下继续攻读博士学位。曾炯在哥廷根大学刻苦攻读了 5 年，获得了博士学位，可以说这是我们中国人攀登数学高峰的标志！欧洲跨国性科学基金组织，亦称"万国科学基金会"，为表彰曾炯对世界数学的贡献，当时发给他奖金 1.6 万英镑。据说，当年在大会上，曾炯头戴博士帽，身穿博士服，导师诺特坐在台上，掌声四起。诺特讲话："我要对我亲爱的学生孩子曾炯改正地说，中国的留学生最用功，学得最好！"曾炯致答词："非常感谢我敬爱的慈母般的老师诺特先生，您是我的最好最好的老师！我是您的永久永久的学生！"

（4）耕耘中报国。曾炯博士毕业后，于 1935 年 7 月回国。1935 年 8 月，经陈建功教授推荐，曾炯被浙江大学数学系聘为副教授，讲授抽象代数等数学课程。曾炯在浙大任职期间，留德教师颇多的天津北洋大学多次派唐岐欧南下杭州，邀请曾炯到天津北洋大学任教。1937 年暑假后，曾炯接受天津北洋大学的聘约，任教授。曾炯在中学教书时，曾拒绝当地县长招其为婿的美意，并为此离家逃婚。直到 1937 年，曾炯才与南昌一位化学教

---

[1] 参见曾令林：《数学泰斗曾炯博士》，《数学学习》1995 年第 3 期。

师秦禾穗成婚。

1937 年抗日战争全面爆发，北洋工学院、北平大学和北平师范大学、北平研究院等迁至西安，联组为国立西安临时大学。日寇进攻潼关，西安危急，国立西安临时大学又迁至汉中。1938 年 4 月 3 日教育部令：国立西安临时大学改为国立西北联合大学。后因多种原因，国立西北联合大学的各校分离，但仍在西北办学，习惯上仍然被称为国立西北联合大学。从 1937 年 10 月底开始，曾炯偕同新婚妻子随校奔波各地。

1939 年，曾炯受李书田之邀，加入国立西康技艺专科学校。由于青少年时期极度贫困，他体质不佳，长期患有胃病；加之战时恶劣的生活和医疗条件，于 1940 年 11 月因胃穿孔在西昌逝世，终年 42 岁。

附：拓展资料 ◎

（一）舍身忘我，爱党爱民
——新中国计量事业创始人之一郑育民

郑育民（1906—1955），号虚谷，江西省鄱阳县古县渡枫林村人。1921 年至 1926 年就读于江西省立第一师范学校，毕业后考入上海大学学习。1926 年 6 月加入中国共产党，是中共鄱阳县地方党组织创始人之一。新中国成立后曾负责组建第一机械工业部计量检定所，对新中国计量学研究作出了开拓性贡献。

1. 投身革命，生死不顾

郑育民自幼丧母，家境贫寒。父亲以教私塾谋生，他和二弟郑树人（共产党员，1930 年牺牲，烈士）随父读书。

1921 年，郑育民以优异成绩考入江西省立第一师范学校，与陈赞贤、欧阳洛、陈逸群、冯任、谭和、余垂成、朱由铿、袁亚梅、傅抱石等为同班同学。郑育民在省立一师读书期间加入中国共产主义青年团；省立一师毕业后考入上海大学学习，1926 年 6 月加入中国共产党。1926 年夏，郑育民返回南昌，在中共江西地委组织部工作。

1926 年 11 月，北伐军攻占鄱阳，郑育民同志受中共江西地委委派返回故里创建党的组织，开展工农运动。是月下旬中共鄱阳县支部委员会在鄱阳县立一小成立，郑育民任支部书记。1927 年初，国共合作的国民党鄱阳县党部成立，郑育民出任县党部工人部部长兼青年部部长，其妻陈筠任妇女部部长。他利用自己的公开身份，发展工会和农协，开展工农运动，还安排李新汉（小学教师，由郑育民介绍加入中国共产党，后牺牲）为县警备团团长，并在士兵当中加强政治教育工作，秘密发展党团员，把警卫武装置于党的领导之下，对震慑反动势力和打击土豪劣绅的反攻起到了积极作用。

5 月，赣东北地区第一个县委——中共鄱阳县委成立，郑育民任县委书记。

大革命失败后，国民党反动派夺取了鄱阳县政权，大肆"清共""铲共"，中共党组织遭到严重破坏，郑育民、李新汉等人被迫转入地下。1927 年 10 月，郑育民被调往九江从事工运工作，鄱阳县委书记由林修杰接任；11 月中旬，由于叛徒出卖，林修杰惨遭杀害；11 月底郑育民又重回鄱阳主持工作。当时，正值鄱阳"珠湖暴动"在敌人的"围剿"下损失惨重，残余武装在李新汉带领下转移到弋阳（后参加了方志敏领导的"横弋暴动"），国民党反动派大肆捕杀共产党员和进步群众，白色恐怖笼罩鄱阳。因反动派通缉和搜捕，郑育民被迫离开鄱阳赴上海，并于 1928 年 10 月东渡日本。

2. 抗日救亡，放弃名利

1929 年春，郑育民改名李神哉，考入日本东京工业大学。其间，郑育民不忘革命，参加了在东京的中国学生为东北义勇军募捐的活动和反汉奸活动。1935 年 12 月，郑育民从东京工业大学毕业，1936 年考入日本东京帝国大学金属材料研究所攻读博士学位。

1937 年卢沟桥事变后，郑育民放弃了日本东京帝国大学博士学位，并拒绝了老师的高薪挽留，毅然归国参加抗日。此后历任河南巩县兵工厂技术员、工程师，国立湖南大学教授。

1948 年 5 月，因参加接受日本赔偿物资，郑育民再次赴日本。

3. 献身计量，为国为民

新中国成立不久，美国对朝鲜发动了侵略战争。在抗美援朝的战场上，由于武器制造量值不统一，导致多次发生无坐力炮膛炸和近炸等严重事故。通过分析查明，事故发生的主要原因是当时国家还没有建立统一的长度基准。在付出了血的代价后，引起了有关领导和国防工业部门的高度重视，决定在我国创建国防计量工作。从此，在党的领导下，我国的计量事业开始了一条从无到有、从小到大、从单一参数量值传递到多专业技术综合计量保证、从分散到统一的艰苦创业道路。

郑育民学识渊博，通晓日、英、德、俄四国文字，对冶金和热处理理论有较深造诣。1949 年初，郑育民经香港抵达解放不久的天津，进入华北机器制造公司。1950 年他奉调到重工业部第一机器制造公司工作，1952 年又奉调到第一机械工业部技术司从事技术工作。1952 年 9 月，第一机械工业部开始筹建计量检定所。筹建计量检定所是当时国家的重点建设工程之一，郑育民担任筹建组组长，任务艰巨。郑育民长期以来患有严重的高血压，但他以民族大义为己任，置个人的利益和生死于不顾，一直带病坚持工作。后终因积劳过度，不幸于 1955 年病逝，年仅 49 岁。郑育民是我国计量事业的创始人之一，为开创和发展新中国的计量事业作出了重要贡献。

（二）勤学善思，笃行实干
——中国风洞理论研究的先驱李毓昌

李毓昌（1929—2019），江西省南昌县幽兰镇人。1941 年至 1945 年就读于江西省立南昌乡村师范学校。1948 年加入中国共产党，物理学家，曾任中国科学院力学研究所研究员，中国科学院研究生院教授、物理教研室主任。参与了我国第一颗人造地球卫星的规划工作，是我国风洞理论研究的先驱。

李毓昌

1. 坎坷求学，笃行致远

李毓昌，1929 年 2 月生于江西省南昌县一个书香世家，曾祖父是清朝的举人，家里很有钱。父亲在考入中央大学（是当时全国最好的高校之一）后，因缺考太多，被学校勒令退学，没毕业也没能拿到学位，找不到收入较高的好工作，只好靠变卖祖先留下的田产来维持家庭的开销。等到抗日战争的时候，他家的祖产已经卖光，家庭生活变得非常困苦，以至于李毓昌小学毕业之后考上了中学，却拿不出钱来交伙食费。因此，不得不进当时免学费，国家还供给伙食的江西省立南昌乡村师范学校就读。当时南昌乡村师范学校分为两部分，一部分是普通师范，另一部分是简师。简师招收小学毕业生，其目标很明确，就是培养初小教师。李毓昌进的是简师，其学制为四年，数理化的程度相当于初中。因在小学时一直学得比较好，进南昌乡村师范学校后学业压力不大，在一些同学的影响下，李毓昌开始大量阅读文学作品，读了很多鲁迅、茅盾、老舍等人的作品后，思想变得比较激进、比较早熟。且不知道什么原因，变得对英文很感兴趣，自学了一些英文。

1945 年，李毓昌从南昌乡村师范学校的简师部毕业。毕业时才 16 岁，因为年纪太小，没人请他去当老师。好在在南昌乡村师范学校学习时数学成绩很好，数学老师（陈仲华，湖南邵阳人）很喜欢他，就对他说："我看你找不到工作，还不如去试着考考大学。"在陈老师的鼓励和帮助下，1945 年下半年，实际只有初中学历的他，通过自学，考上了当时江西唯一的大学——中正大学，就读于农学院。鉴于自己更喜欢学物理，而学校又不允许转系，次年他又考了一次，得以如愿进入物理系，从此与物理结下了不解之缘。

2. 以梦为帆，砥砺前行

1947 年，李毓昌参加了由学校左派学生组织的"海燕读书会"。在读书会里他读了毛泽东的《新民主主义论》《论联合政府》等著作。之后，他把大约 60% 的精力用到了参加"反内战、反饥饿"等学生运动上。后来，"海燕读书会"的人几乎全都参加了中共地下党。

1948 年 10 月，李毓昌冒着生命危险加入了中共地下党，并继续上学，直到 1949 年 5 月南昌解放后，只念到大学三年级的他先被党组织派到共青团省委工作，后去南昌第一联合中学建团。南昌第一联合中学由从前的南昌省立一中、省立二中、省立女中三所学校合并而成，是当时江西最好的中学，规模也大，他去的时候有 3000 多名学生，300 多名教职员工。1950 年 5 月，学校开始成立团组织，他成了学校的团总支书记，并一直干到 1953 年。

在做团的工作的同时，他不仅在学校兼课，还挤时间通过自学修完了大学所缺的课程。1953 年，他正式毕业，并主动提出要在学校教数学、物理等课程。教学之余，他还坚持阅读《物理学报》，挤时间做科学研究。1954 年，他的论文被《物理学报》采纳，这篇论文观点新颖，具有国际学术水平，并因此得到审稿人钱伟长先生的赞赏。而后，他不时写信向钱先生请教学术问题，在物理学上的很多观点和见解都得到钱先生赏识。1956 年 4 月，钱先生把他调到了新成立的中国科学院力学研究所工作。他到那里时，全所从钱学森到他，总共只有 23 个人，他成了该所第 23 位员工。一个初中文化程度的青年能靠自学考上大学，然后又靠以文会友得以提拔到中国科学院工作，这在他家乡被传为佳话。

3. 坚持真理，兢兢业业

刚到力学所时，他被安排到新成立的流体组工作。

1958 年，经中国科学院力学研究所所长钱学森、党委书记杨刚毅提名和动员，李毓昌改任力学所计划处任负责人。1962 年后，他还兼任国家科委力学组的秘书。在随后几年中，他成为钱学森先生和郭永怀先生的得力助手，为力学所、为中国科学院、为国家科委做了大量的工作。1964 年底，李毓昌和林鸿荪代表力学所参与了发射人造卫星早期规划工作。

1979 年 1 月，他调到成立还不到一年的中国科学院研究生院工作，被任命为物理教研室的主任兼党总支书记。随后 10 年，他在这个岗位上认认真真教学、兢兢业业服务，使物理教研室成了研究生院出成果最多的单位，在学术刊物上发表的文章几乎占了研究生院的半壁江山，而他本人也被评为研究生院的名师。

2019 年 5 月 31 日，中国科学院力学研究所前计划处负责人、前中国科学院研究生院物理教研室主任李毓昌先生因病在北京与世长辞，享年 90 岁。李毓昌在物理学研究方面成就卓著，是中国风洞理论研究的先驱，为国家科学教育事业的发展贡献了毕生的精力。

砚田奋笔谱华章："中国画坛的一面旗帜"傅抱石

豫章师范学院的发展经历了中国师范教育 100 多年三级师范的逐次跨越，是中国师范教育发展的一个历史缩影。其前身是 1908 年创建的江西女子师范学堂、1914 年成立的省立第一师范学校和 1928 年成立的省立乡村师范学校（后更名为省立南昌乡村师范学校）。100 多年来，学校师范艺术教育得到了很好的传承与发展。学校培育了中国画坛的一面旗帜傅抱石、现代中国声乐教育事业的奠基者喻宜萱，也培养了一批又一批优秀的艺术学生，为许多中小学校输送了大批优秀人才，这些学生为地方艺术教育教学作出了不少贡献。也有不少学生毕业后继续深造，在其他行业或领域发光发热，让百年师范艺术教育不断向前发展。

（一）百年师范艺术教育的传承与发展

学校艺术教育的传承与发展现主要依托美术学院和音乐舞蹈学院。

豫章师范学院美术学院专业教学历史悠久，艺术底蕴深厚，前身可上溯到 1908 年成立的江西省立女子师范学堂和 1914 年成立的江西省立第一师范学校开设的艺术科图画班。后 1949 年成立江西省南昌师范学校劳美科，开设美术班；1973 年成立南昌师范学校艺术科，开设美术班；2004 年成立南昌师范高等专科学校艺术系，开设美术教育专业；2007 年成立南昌师范高等专科学校美术系，开设艺术设计专业，2010 年开设室内设计专业；2017 年成立豫章师范学院美术系，2018 年开办绘画专业（本科）与工艺品设计专业，2019 年开办视觉传达设计（本科）专业，2020 年开办环境设计（本科）专业，2021 年 5 月美术系撤系成立美术学院。

豫章师范学院美术学院坚持立德树人根本任务，立足江西地域特色，凭借历史与文化资源以及人才汇聚的多方面优势，以高起点、新作为推进人才培养、科研创作。经过 100 多年的发展，学院秉承弘扬抱石艺术精神，赓续红色文化基因，以美术与设计创新能力培养为重点，深入开展"本土化"美术研究，主动服务区域经济、文化建设，使学生所学专业走向生活、走向社会、走向市场。

豫章师范学院美术学院拥有价值 600 余万元的先进教学设施和设备，建设了国画大师傅抱石教育基地——傅抱石纪念馆；建有中外经典名画临摹馆、中国画工作室、油画工作室、综合材料工作室、陶艺工作室、文创工作室、装饰材料工艺实训室、美术综合类技能实训室、视觉传达设计多功能实训室、摄影新媒体实训室、计算机辅助设计实训室、专业图书资料室等专业实训场所。此外，还建立了美术学院产教融合创新实践基地。

豫章师范学院音乐舞蹈学院前身为南昌师范高等专科学校音乐教育系。其办学历史沿革可追溯到 1908 年创办的江西省立女子师范学堂，历经 100 余载建设与发展，培养了中国现代声乐教育奠基人喻宜萱和李新庭、熊平秀、陈莹、胡巧玲、周海滨等一大批省内外知名音乐教育家、中小学育人楷模，还培养了著名歌手杨钰莹、著名作曲家郝士达等音乐人士。

践行新使命，逐梦新时代。按照"党建引领、师范为本、错位发展、以评促建"的工作方针，豫章师范学院目前逐渐形成了师范专业和非师范专业相结合的艺术门类专业发展新格局。豫章师范学院将继续秉承百年师范办学的教育情怀，立足社会用人需要，聚焦儿童艺术教育，围绕"三全育人"，坚持"五育并举"，落实立德树人根本任务，努力培养"赏美、懂美、爱美、创美"的儿童艺术教育和社会艺术教育的美育先锋。

豫章师范学院音乐舞蹈学院开设了音乐学（师范）、舞蹈学（师范）、播音与主持艺术等本科专业，音乐表演（中韩合作办学）大专专业；创建了"音乐舞蹈专业教师教育实训与发展中心""豫章师范学院音乐治疗实训中心""豫章师范学院江西省传统音乐舞蹈传承基地""豫章师范学院音乐舞蹈艺术创作发展中心""豫章师范学院新融媒体中心""音乐舞蹈学院美育实践中心"等；组建了合唱、管乐、民乐、流行音乐、舞蹈、红色经典诵读等6个学生实践艺术团；合作共建了15个校外实践基地。

匠心铸造，精心育人。豫章师范学院始终坚持以党建为引领，大力开展"党建＋内涵建设"，推进全院各项工作，院党组织先后获得"南昌市先进基层党组织""学校先进党组织"等荣誉称号。豫章师范学院坚持以立德树人为根本，以人文素养为底蕴，以艺术教育为追求，聚焦小学音乐、舞蹈艺术教育和社会艺术教育需求，在传承红色基因、弘扬师范精神、传播美育文化、构建育人体系等方面，形成了既有共性要求又有个性发展的"三全"育人新局面。

（二）梅花香自苦寒来：国画大师傅抱石

傅抱石（1904年10月5日—1965年9月29日），出生于江西南昌，祖籍江西新喻（今新余市）北岗乡樟塘村。原名长生，又名中洲，字庆远，学名瑞麟，号抱石斋主人。中国近现代著名国画家、美术史论家、书法家、美术教育家，"新山水画"代表画家，其主要绘画作品有《屈原》

《江山如此多娇》《煤都壮观》《林海雪原》《天池林海》《镜泊飞泉》等。

青年时期的傅抱石

傅抱石是近代画家中善用历史典故和文人雅事为题材进行创作的画家。他客蜀时期，艺术创作走向成熟。傅抱石的人物画造型优美、线条飘逸，题材内容多出于诗意及传统故事，对屈原精神、六朝思想和唐诗宋词广集博取。傅抱石笔下的人物血肉饱满，这不仅是他全面人格和真实心态的集合，更寄托了他深切的情感，展现了他内心强烈的爱国热情和民族主义精神。

重庆作为抗日战争时期的重要阵地，是抗日民族统一战线的政治舞台，是抗战大后方的经济、军事、文化中心。一批批优秀的中国艺术家在中华民族生死攸关的时刻来到重庆。傅抱石的"客蜀时期"以客居重庆的七年半时间（1939年4月至1946年10月）为主。这段在重庆寓居的生涯，傅抱石本人和家人的心境都与世事密切相关，尽管创作环境较为恶劣，但迎来了他创作内容的丰厚与艺术风格的成熟。在重庆时期，傅抱石的作品以山水画和人物画为主，其中人物画主要取材于历史典故及历史人物。作为爱国主义学者，他描绘的人物对象大多是历史上有品德与抱负的人，如屈原、苏武、竹林七贤等，他们对世事的不满与感怀以及心灵的忧伤与苦痛，在傅抱石的作品中得以呈现。

1. 历史人物绘画

（1）屈原情节。

屈原可以说是一个永恒的话题，爱国文人主要的人格品质、心理冲突、精神内涵都汇集在了屈原身上。郭沫若就曾说道："由楚所产生出的屈原，由屈原所产生出的楚辞，无形之中，在精神上是把中国统一着的。"郭沫若对屈原生平及其作品进行研究开始于 20 世纪 30 年代，《关于屈原》《革命诗人屈原》《屈原考》等文章都是 20 世纪 40 年代初撰写的。傅抱石本就十分仰慕钦佩屈原的人格品质，客蜀时期创作了不少以屈原与《楚辞》为题材的主题故事画，且时常以屈原的诗词歌赋作为刻印的边款。在抗战的历史背景下，屈原更是成为绘画界推广的贤士典范，他尽忠爱国的民族精神被寄予了抗辱图强的主题思想。皖南事变爆发一年之后，郭沫若创作的历史剧《屈原》于 1942 年 4 月在重庆公演。屈原宁死不屈的精神以及愤世嫉俗的孤傲品格，在傅抱石看完此剧后更加深刻地激励着他，给予他创作的灵感和激情。傅抱石激动万分，心潮澎湃地挥毫绘制了人物画作品《屈原行吟图》，其间四易其稿，最终完成此作。此画纵 62.2 厘米，横 109.3 厘米，绘就了屈原在江滨行吟即将投江的情景。画面中江水浩渺、波涛汹涌，疾风吹拂着芦苇和水草，描绘出江畔的萧瑟荒芜，将气氛渲染得极为悲壮。一位身形瘦削的老人披散着长发，眼窝深陷、面容清瘦、神色黯然，他忧心忡忡地行走在瑟瑟凉风拂过的丛林之中。画家将屈原深厚的爱国情怀、浓烈的忧患意识、简淡的诗人气质刻画得形神兼备、栩栩如生、耐人寻味。深沉伟岸的身躯与随风飘扬的袖笼，都强烈体现出屈原满身的凛然正气，显现出他从容自若的淡然神情，似乎在诉说着满腔的忠贞与心愿，仿佛他惊天地泣鬼神的吟诵就萦绕在我们的耳畔。从文人与艺术家的视角，傅抱石体察爱国诗人屈原的家国情怀，并体悟诗人的内心，又以此感情为出发点，赞颂其不忍家国飘摇、抗击强秦的民族大义。傅抱石对屈原的情感质朴且真挚，这种赞颂更是对爱国文人的感同身受。

　　1943 年 11 月 21 日，傅抱石、罗时慧夫妇二人在金刚坡下咏读《楚辞》，在读到《湘夫人》中"袅袅兮秋风"一句的时候，两人相视无语。

因为这个时期，日本军队的铁蹄正肆意践踏着沅水、澧水间的大好河山，傅抱石将心中痛恨外敌、思念国土、心系百姓的感情汇聚在一起，全身心投入，构思创作了《湘夫人图》。该画作纵 105.2 厘米，横 60.8 厘米，描绘了落叶飘飘、秋风萧瑟、烟波浩渺的洞庭湖畔，湘夫人亭亭玉立于树下，仪态万方、端庄淑静、怡然自若。"湘夫人"是傅抱石经常描绘的题材之一，他常以此作画，立轴、册页、扇面，形式多种多样。"二湘"题材是傅抱石最为喜爱的《楚辞》诗意系列绘画题材。20 世纪 40 年代以来，傅抱石一直没有中断这一绘画主题的创作，其中尤以客蜀时期创作的《湘夫人图》《湘君图》《二湘图》最具代表性，以此寄寓自己的精神情感追求、文化价值思想和绘画创作理念。

（2）苏武气节。

苏武留居匈奴 19 年，始终威武不屈，至始元六年（公元前 81 年）才得以获释回汉。1944 年 1 月，傅抱石依此立意，创作《苏武牧羊》。该作品纵 61.6 厘米，横 84.2 厘米。苏武去世后才被汉宣帝列为麒麟阁十一功臣之一，被世人所敬仰。作品描绘汉朝将领前来迎接苏武归来的场景：苏武手执汉节，须发皆白，傲然挺立于羊群之中，他深沉坚毅的形象跃然纸上。汉将弯腰鞠躬表示对使节的敬重，匈奴官员有的注目凝视，有的交头接耳，油然钦佩苏武不屈不挠的精神。阴沉沉的天空、白茫茫的雪地，都为画面渲染了肃穆庄严的气氛，充分体现了文人雅士放荡不羁、恬静淡雅的内心状态。当时国统区文艺活动的特点就是运用历史题材宣传抗战，开展抗战文化运动。那时候的金刚坡下，很多文化艺术界人士都在此落过脚，而傅抱石在这里生活创作了 7 年有余。"金刚坡下抱石山斋"成了傅抱石许多经典绘画作品的诞生地。从这一时期创作的一批人物画代表作看，傅抱石始终追求一种自在潇洒、古典雅致的人物画风格。《苏武牧羊》创作于《开罗宣言》签署一个多月之后，苏武是为国家为民族守大义守节操的象征，更是伟大人格力量的象征。《苏武牧羊》颂扬苏武忠心忠诚、不畏强权、威武不屈的民族气节，表达了画家坚信抗战到底必定胜利的决心和信念。

（3）六朝风度。

傅抱石可以说是中国画史上创作魏晋南北朝名士作品最多的画家。六朝精神既有隐逸苍凉，又有悲愤感怀。画家的心性正与六朝人物的追求相似，于是古贤志士的言行风度就常被置于笔端。六朝人物的诗性与神韵都体现在傅抱石的人物画作品中，寄予了他丰富的情感，也浸润着他对六朝历史、人物、风情的理解。"傅抱石的绘画创作与高人逸士息息相关，从而达到民族文化精神一脉相承。"作品自然呈现出的六朝文化品格与传统文化精神，代表着民族文化的"超然"。长3米有余的手卷《兰亭修禊图》，可谓傅抱石金刚坡时期的杰作，画面描绘的是东晋时期的士大夫及侍者雅集于崇山流水之间，总共绘制了53个人物。这些人物神态各异而又形象生动。卷首以行笔爽利圆润的篆书题写"兰亭修禊"4个大字，气息浑厚、畅然一气；卷尾以隽秀清逸的金石小楷抄录《兰亭序》全文，画面完整，遥相呼应。在傅抱石的作品中，如此多形式、内容集于一体的巨制并不多见。《东山图》描写了谢安在山阴道上迎接王羲之等群贤的情景。画中背景有一株"六朝松"，据说为梁武帝亲手栽种，是位于东南大学四牌楼校园西北角的一株桧柏，相传为1500多年前的遗物。隋军灭陈之后将宫苑城邑尽数毁灭，而此树不惧兵火幸存下来。傅抱石笔下的谢安既儒雅清秀又刚毅不屈，此树与谢安的品格一样，都被画家用笔墨化为历经丧乱而不息不灭的生命象征。画家笔下的众人性格鲜明、线条流畅、古意盎然。屈原正襟危坐、执着倔强、心性孤僻，而竹林七贤衣衫宽阔、纵情洒脱、狂放豪迈，他们不尽相同、对比强烈。正面画的高士腰间衿带系得一丝不苟，能够感受到贤人志士的礼节风度及相互尊重赏识的中国文人面貌。傅抱石对人物与其社会背景有着深刻的钻研及独到的理解，通过描绘各类人物的衣着装束、表情神态，从中自然流露出人物不同的性格特征。

2. 古典女性绘画

　　傅抱石画仕女画基本是在抗战入蜀之后。在这样的历史时期，人民饱受困苦磨难，经历生死离别考验，美好的事物能够给人带来信念与希望，燃起热情与斗志。1944 年，傅抱石在重庆沙坪坝金刚坡创作《眉锁章台》，似乎是在抒写儿女之情，但画中的深深幽怨实则是画家的借古喻今。正如画家亚明的跋文所说："抱石写人物独一无双。"作品追求高尚的品位和意境，有别于传统技法，把水、墨、色融为一体，同时把山水的画法运用到人物画中，改变了清代以来的人物画画风，显现出画家独特的风格。1945年所作的《柳荫仕女图》描写仕女漫步于柳荫溪边的景象。朴素无华、娴雅高贵、风姿绰约、优美动人的人物形象，无异于画家心中的夫人模样。傅抱石抗战入蜀后的仕女画，成为他在兵荒马乱年代绘画创作的精神寄托。日寇侵略不断、国民流离失所，傅抱石夫妇对侵略者的恶劣行径深恶痛绝，这也激发起他们强烈浓厚的爱国思乡之情。作品承载家国仇恨，使人不忘悲伤痛苦。在那个战争的年代里，傅抱石用洒脱自如的笔触，创造出理想的美人，把形象描绘得精致唯美。人物的精神和画家的思想碰撞，使画面充满生命力。傅抱石的仕女画以中国画笔墨及古典美的诠释方式和风格呈现，这也是他所追求的文化精神体现。对他而言，这或许正是从文化上战胜敌人的一种方式。

3. 古典诗意绘画

　　《杜甫诗意——佳人》创作于 1943 年，杜甫作此诗时，正值落魄，浪迹于秦州附近，天寒地冻，条件恶劣。唐乾元二年（759）秋，杜甫辞官西行，带着家人躲避战乱，暂住秦州（今甘肃天水）之时，在山里度过以打柴、捡橡栗为生的日子，偶遇一位隐居此处惨遭丧乱的女子。有别于《丽人行》，这时的杜甫并没有耗费笔墨去描写美人的容貌与身形，也没有描写她的发型与服饰，而是通过她的不幸遭遇以及对待艰苦生活的态度，塑造了一位佳人的鲜明形象。在傅抱石依据杜甫诗意创作的作品中，最为人们熟悉的是《丽人行》，作于1944年的该作被徐悲鸿誉为"乃声色灵肉之大交响"，张大千题此画"开千年来未有奇"。《丽人行》一诗是杜甫于天宝十二年（753）在长安所作，此时距安史之乱尚有两年，杜甫在诗中描绘了杨氏姐妹春日游玩的情景。画面共安排了5组37名人物，每组人物各有差异，并以不同的树木分隔，画家以用泼墨法写就的浓密树荫作为背景，独具匠心。"长安水边多丽人"反映了时政的腐败不堪和君王的昏庸无能。而此时蒋宋孔陈四大家族不顾人民的困苦，纸醉金迷，骄奢无度。各民主党派和民主人士对国民党的独裁统治日益不满，民众的呼声也日益强烈。傅抱石曾目睹国民党高官及家人在重庆南温泉浩浩荡荡的出游队伍以及盛气凌人的骄横之气，他对这样的奢华现象深恶痛绝，用借古讽今的创作手法对国民党的腐败予以揭露和抨击。《琵琶行》是傅抱石客蜀时期颇为喜爱的题材之一。1944至1945年间所作的《琵琶行》存世居多，整个都延续着《琵琶行》诗意入画的创作。画面中间遮天压地的大树挺立，显得空间紧迫。诗人与行客止于画中，倾听着琵琶女的弹奏，似乎在感叹境遇相似的处境。傅抱石用悲凉的气氛渲染整幅画面，但并不让人感到凄凉，他用抚慰心灵的绘画之美诠释一种人文关怀，消释人们灵魂的痛苦，治愈人们内心的创伤。1944年3月3日，中国文艺社主办的"傅抱石画展"在重庆中苏文化协会举办。"他的人物画，那时候比山水画更获观众欣赏，人们倾囊争购。"之后《时事新报》刊登了《傅抱石画展观感》，作者是美国的艾惟廉博士，文中提到"傅先生的画里面，最显然的特性就是富于历史性"。1945 年 11 月 9 日，"傅抱石画展"在重庆江苏同乡会举办。之后张道藩在《论抱石之画》一文中说"山水画占五分之三，人物画占五分之二"，这一论述虽然是对于本次画展而言，但可以知晓傅抱石于 20 世纪 40 年代所创作的人物画比重。该文以《丽人行》《湘夫人》《琵琶行》《东山丝竹》等作品为例，评论傅抱石人物画，作出了较早对其人物画品格极具深刻认识的评述："抱石先生写人物绝不拘泥于其表面之华丽服饰而旨在刻画画中人之情绪生命。"

4. 画家的家国情怀

生活于重庆西郊赖家桥金刚坡的七年半时间，是傅抱石艺术生命至关重要的时期，其极具个性的艺术创造在抗战客蜀时期得以大展身手。既充斥在敌机的轰炸声和刺耳的警报声中，又在相对自由与单纯的艺术创作中，金刚坡下的日常生活是复杂的，既有平淡纯真又包裹着彷徨恐惧。傅抱石在这一情境下的人物画创作不只局限于"东晋六朝"系列，有描写韩愈被贬途经蓝关遇风雪困阻的《雪拥蓝关图》，也有展现苏轼遭遇"乌台诗案"迁至黄州后面对无际长江的《赤壁舟游》，还有图绘白居易被权贵陷害左迁江州后偶遇琵琶女的《琵琶行》等。虽然，傅抱石没有直接描绘冲锋陷阵的斗争场面，没有表现现实生活百姓流离的凄凉景象，但是他一直都在以他独特的方式传递着坚定的抗战救国的精神使命。"凡一件成功的作品，其唯一条件应是时代精神最丰富的作品。"抗战客蜀时期，傅抱石创作的六朝题材故事画以及其他人物画，不仅是特殊时期将时代背景与思想情感的交织，还使得这些人物画作品成为特殊年代的精神寄托。这时期的人物画以形写神，重在表现人物的内在气质，虽形象简练，有些甚至乱头粗服，却恬静矜持、引人深思，烙刻着时代的印迹，蕴含着画家的个人情结。傅抱石的民族精神在客蜀时期的画作及著述中还以遗民情怀呈现出来，他呼吁保存中国绘画的纯真和本性，以图画描绘明清遗民，以文字歌颂民族艺人。傅抱石以自己的方式投入中国的抗日大业，通过人物画的形式宣传悠久的中华优秀传统文化和民族精神，这些作品的内容都充满着对国家命运的关注。傅抱石创作讲究"大胆落墨，小心收拾"，他对人物的神情与服饰衣着等刻画深入，细致入微地体现人物的精神面貌，在大气象之外善用微妙的细部刻画。他将黑白、疏密、虚实等对比关系运用自如，烘托画面气氛，营造画面意境。"美术是民族文化最大的表白。"这是傅抱石作为艺术家的爱国情怀。傅抱石是具有强烈爱国意识和时代精神的画家，其创作的主旨就是歌颂民族文化。抗战时期，傅抱石通过中国画创作，让人们形成深刻的民族记忆，铸造不移的民族精神，建立深厚的民族情结。傅抱石的艺术作品由内而外渗透着爱国情怀，蕴含着自强不息的民族精神。

傅抱石一生通过自己的不懈努力，取得了许多成就。

主要成就：

（1）新中国成立前。

1925 年完成第一部著作《国画源流述概》。

1926 年于江西省第一师范学校艺术科毕业，留校任教；著《北伐军攻克南昌》，聆听北伐军政治部主任郭沫若的演讲。

著《摹印学》，全书分总论、印材、印式、篆法、章法、刀法、杂识 7 个部分。

1929 年著《中国绘画变迁史纲》，该书于 1931 年出版。

1931 年，任教于南昌省立一中。夏，得黄牧夫印谱，以半月的时间整理出 4000 余方。《中国绘画变迁史纲》由上海南京书店出版。

1932 年获江西省政府资助，以考察和改良景德镇瓷器的名义公派赴日留学。

1933 年赴日本留学，入东京帝国美术学院研究部，攻读东方美术史，兼习工艺、雕刻；译日本梅泽和轩著的《王摩诘》。

而立之年的傅抱石来到东京帝国美术学院，拜于史学泰斗金原省吾的门下，从翻译金原省吾的《唐代之绘画》和《宋代之绘画》入手，开始了对中国绘画史的更为专业和系统的研究。这一时期，傅抱石抓住了中国绘画史上的一个重要宗师——东晋顾恺之，并对顾恺之这个案进行深入的探讨，同时针对日本史学界中某一专家对这个问题的曲解，完成了《论顾恺之至荆浩山水画史问题》。接着，他开始撰写关于石涛的评传，以期由此梳理中国绘画史的发展脉络，同时也表达了自己对这位著名画家的景仰。不久，傅抱石又完成了《中国绘画理论》和《论秦汉诸美术与西方之关系》的写作。这一时期，傅抱石在美术史论方面的成就，在许多领域都填补了美术史论研究中的空白；同时这方面的成就又反作用于其美术创作，为他形成独特的画风奠定了基础。

在日本留学时，傅抱石专门拜访了因"四一二"政变而流亡日本的郭沫若，彼此建立了亦师亦友的深厚友谊。早在任职一师附小的时候，傅抱石就聆听过郭沫若的报告，印象深刻。傅抱石在史论研究中经常向郭沫若请教，在绘画创作上也不时得到郭沫若的批评；而郭沫若也在这种交往中不断地发现傅抱石的艺术天分和才华，每见傅抱石的得意之作都为之题咏，并为傅抱石在日本的首次画展题写了展名，给予了傅抱石极大的鼓励。可以说郭沫若广博的学识和在日本的影响，为傅抱石在日本的发展提供了很大的帮助。

这种亦师亦友的深厚友谊又一直延续到抗战时期，直至新中国成立后。1958 年，傅抱石的个人画集《傅抱石画集》出版，郭沫若为之作序，并在序中提出了"我国绘画，南北有二石。北石即齐白石，南石即傅抱石"。郭沫若还手书"南石斋"赠予傅抱石。而这本画集的出版，也使傅抱石在中国画坛奠定了具有历史意义的地位。

1934年5月，在日本东京举行"书画篆刻个展"，作品有《渊明沽酒图》《瞿塘图》《笼鸡图》及书法篆刻等170余件。6月，译日本金原省吾教授著的《唐代之绘画》和《宋代之绘画》。

1935年3月，所编《苦瓜和尚年表》在日本发表。5月，论文《中华民族美术之展望与建设》发表。7月，学成返国，任教于南京中央大学艺术系。8月，所著《中国绘画理论》一书出版。10月，发表论文《论顾恺之至荆浩山水画史问题》。

1936年2月，编译的《基本国案学》一书出版。7月，在江西南昌举办书画个展，展出作品100余件；论文《论秦汉诸美术与西方之关系》及《石涛年谱稿》发表。8月，译作《郎世宁传考略》发表。11月，编译《基本工艺图案法》，发表《石涛丛考》。

1937年3月，《中国美术年表》出版。5月，《汉魏六朝之墓砖》一文发表。7月，著《大涤子题画诗跋校补》；发表《石涛再考》《民国以来国画之史的考察》及译文《中国文人画概论》。10月，完成《石涛画论之研究》《石涛生卒考》《六朝初期之绘画》等论文。

1938—1940年，在郭沫若先生主持的政治部三厅任秘书。经常往来于株洲、衡山、衡阳、东安、桂林等地，做抗日宣传工作。

1939年4月，辗转到达四川、重庆，寓居西郊金刚坡下，自署居处为"金刚坡下山斋"。5月，所编《中国明末民族艺人传》出版。6月，完成《中国美术史——古代篇》，作《关于印人黄牧父》。

在初到重庆的一年里，因为政治部的工作没有展开，傅抱石有了一段全力画画的时间，并利用这一时机，创立了自己的画风。同时，他又开始了对美术史论的研究，以期通过学术研究来论证"中国美术的精神，日本是不足为敌的"，从侧面鼓舞了抗战时期国人的信心。这一年，傅抱石看到日本的《改造》杂志上发表了横山大观的一篇题为《日本美术的精神》的文章，对其中的"圣战"言论十分不满，撰写了《从中国美术的精神上来看抗战的必胜》，鲜明地提出"中国美术是'日本美术的母亲'"，并指出中国美术有三种伟大的精神："第一，中国美术最重作者人格的修养；第二，中国美术在与外族、外国的交接上，最能吸收，同时又最能抵抗；第三，中国美术的表现，是'雄浑''朴茂'，如天马行空，夭矫不群，含有沉着的、潜行的积极性。这三种特性，扩展到全民的民族抗战上，便是胜利的因素。"这一时期，傅抱石还编著了《明末民族艺人传》，同样表达了傅抱石胸中的民族气节。傅抱石在重庆时期的作品，分为人物画和山水画两部分。人物画主要表现历史上有影响的人物和人物故事，如屈原、苏武、石涛，同时也以古代优秀诗篇为创作题材，如《琵琶行》《长干行》《唐人诗意》等。山水画以《夏山图》为代表。

1940 年 4 月，发表重要论文《晋顾恺之〈画云台山记〉之研究》。作《云台山图卷》，郭沫若先生为此作题四绝。8 月，政治部三厅改组，随郭沫若先生退出，回中央大学艺术系任教。此时该校已迁重庆沙坪坝。9 月，著《中国篆刻史述略》；《木刻的技法》一书出版。

1941 年 1 月，发表《读周栎园〈印人传〉》一文。4 月，再画《云台山图卷》。5 月，完成《石涛上人年谱》。

1942 年 3 月，作《大涤草堂图》，徐悲鸿先生为之题词："元气淋漓，真宰上诉。"8 月，郭沫若先生为《屈原》《陶渊明像》《半千与费密游诗意》《张鹤野诗意图》等作品题诗。9 月，在重庆举办"壬午个展"，展出作品100 件。《大涤草堂图》《对牛弹琴图》《初夏之雾》及郭沫若先生题诗之《屈原》《陶渊明像》等作品均在此次个展中展出。

1943 年在重庆举行个展，在成都举行个展。

1944 年 9 月，傅抱石创作出代表作《夏山图》。这件作品是难得一见的落拓大幅，狭长高旷，说是表现唐人诗意，实际上更多的还是展现蜀中山水秀美的景致。该作品用笔潇洒，用墨酣畅，并将水、墨、色融为一体，尤其是作品中的墨色表现，浓墨处浓黑透亮，淡墨处秀逸而朦胧，蓊郁淋漓，气势磅礴。此外，在该作品中傅抱石用笔也变化多样，在墨色将干未干时，以散锋乱笔尽情挥写，体现了傅抱石用笔的经典特征，也形成了作品画面的有机节奏，正如画家张安治所评论的："一大片一大片的水墨，简直是西洋印象派以后的作风，画山石的皴法亦前无古人，随意纵横，信笔点染，却已做到物我忘我，离形去智的超然境地"，是"前无古人的奇特之作，画风雄肆奔放，笔飞墨舞，皴法则师心独创，于古人几无迹可求"。此幅《夏山图》作者自识"甲申九月新喻傅抱石写唐人诗意于重庆西郊金刚坡下山斋"，为傅抱石金刚坡时期的山水画创作之代表。在金刚坡时期，傅抱石也迎来了其艺术创作的第一个高峰。抗战爆发之后，应郭沫若之邀，1939 年傅抱石携全家迁往重庆，寓居沙坪坝金刚坡下，直至抗战结束。这一时期的傅抱石，全力以赴投入艺术创作和艺术教学。这一时期的作品，皆会题署"重庆西郊金刚坡下"的字样。《夏山图》在金刚坡时期的作品中，堪称大尺幅，而其题签也为傅抱石亲自书写，可见对其重视程度。更为值得一提的是，早在 1997 年，这件作品就曾由上海某知名拍卖公司拍卖，并以图录封面的形式重点推荐。当时，上海市文物管理委员会还未对近现代书画做出限制出境的具体规定，但在那次拍卖时，这件作品却被打上了星号，意思是其极为重要，要留在国内。据了解，《夏山图》在十几年后重返拍场，估价超过千万元。

同年 9 月，傅抱石又以诗圣杜甫的代表作乐府诗《丽人行》为题，创作了世纪名作《丽人行》。徐悲鸿赞此作"乃声色灵肉之大交响"，一语点出此画真谛。后张大千题此画："开千年来未有奇，真圣手也。勾勒衣带如唐代线刻，令老迟（陈老莲）所作亦当检衽。"作品表现了杨贵妃家族三月三外出郊游时的盛况，"长安水边多丽人""态浓意远淑且真"反映了君王的昏庸和时政的腐败。无疑，傅抱石此时此地所表现的是显而易见的。

傅抱石重庆时期的人物画以形求神，刻意表现人物的内在气质，虽乱头粗服，却矜持恬静。表现金刚坡下、成渝道上的秀美景色，反映巴山夜雨的情景意趣，成了傅抱石这一时期山水画创作的主题。他既继承宋画的宏伟章法，取法元人的水墨逸趣，又一改传统的各种皴法，用散锋乱笔表现山石的结构，形成了独特的"抱石皴"。这种皴法以气取势，磅礴多姿，自然天成，成了傅抱石"打破笔墨约束的第一法门"。

1946 年 10 月，迁回南京，继续执教于中央大学艺术系；在南京与徐悲鸿、陈之佛等举行联展。

1947 年 8 月，演讲稿《中国绘画之精神》发表。10 月，在上海"中国艺苑"举办"傅抱石画展"，展出作品 180 余幅，且多巨制，人物、山水各居半。

1948 年 1 月，精心之作《石涛上人年谱》一书出版；在南昌举行个展。

（2）新中国成立后。

1949 年开始，傅抱石以毛泽东诗词为题材进行国画创作。作品有《七律·长征》《沁园春·雪》《清平乐·六盘山》等。作品参加"南京市第一届美术展览会"。

傅抱石开始研究毛泽东的诗词，并用他那惯用的表现文学作品的方法进行创作。在《清平乐·六盘山词意》这幅作品中，虽然画的是毛泽东的词意，却看不出有多少新的气象，仍然是傅抱石一贯的风格。那独特的"抱石皴"，那改良石涛的树的画法，都表明了傅抱石创作毛泽东诗意画的初心，基本上没有改变原来的画法，只是那压得很低的山坡上若隐若现的红军长征队伍，和远处的一群南飞雁，点明了一个新的符合时代潮流的主题。但其题材上的突破让他获得了新生，也显示了傅抱石的过人之处。这与当时流行的"新年画"画法相比，其淡化题材的处理方法成了过渡时期的一个特色。

1950 年，《人民美术》创刊号上发表了李可染的《谈中国画的改造》和李桦的《改造中国画的基本问题》，此后有关中国画的改造问题开始引起人们的注意。1953 年，北京中国画研究会的画家们开始了山水写生活动，此后全国仿效，山水画家都希望通过写生完成对旧山水画的改造，此后山水画也确实出现了一些新的面貌。可是这种写生的山水画以及反映新生活的山水画与传统的山水画之间在审美上出现了一系列的问题，引发了全国性的"关于国画创作接受遗产问题"的讨论。傅抱石抓住这个机遇，要求学生在学习技法的同时要提高理论水平，并鼓励学生积极参加这场全国性的讨论。为此，在傅抱石的辅导下，四年级的学生集体写作了《我们对继承和发展民族绘画优秀传统的意见》一文，发表在 1955 年第 8 期的《美术》杂志上。文章指出："我们民族绘画技法是科学的、写实的，继承发展其优秀部分，是会指导我们今天的绘画实践的。当然，仅仅满足于固有技法，故步自封是不对的，我们对于那些不够的地方应予以充实和发展。"这一论点反映并代表了傅抱石的观点。

在探索中变革，在变革中探索，是傅抱石 20 世纪 50 年代创作的主旋律。他以毛泽东诗意或毛泽东诗词中提到的重大历史事件作为新题材，突破了传统题材的束缚，同时在绘画技法上探索新技法与新题材的结合，创作了《强渡大渡河》《更喜岷山千里雪》等作品。1954 年创作的《四季山水》四条屏，即以传统的形式表现了四季山水中的新生活，其意境已与他往日所画的兰亭、赤壁等有很大不同。1956 年创作的代表作《鸡鸣寺》则把他所探索的表现新生活的山水画又向前推进了一步，那种古典的韵味已完全被一种现代的风情所替代。

1951年6月，当选为南京市文联常委。7月，著《初论中国绘画问题》。

1952年，全国高校院系调整，任南京师范学院美术系教授。

1953年7月，发表论文《南京堂子街太平天国壁画的艺术成就及其在中国近代绘画史上的重要性》。9月，"全国第一届国画展"在北京举行，《强渡大渡河》《更喜岷山千里雪》参加展出。

1954年4月，为中国人民保卫世界和平委员会作《东方红》。

1955年3月，在江苏省文联举办的"星期文艺讲座"上，主讲"中国古代绘画"。在北京"第二届全国美展"上展出《湘君》和《山鬼》两幅人物画。

1956年1月，增补为第二届全国政协委员，参加全国政协二届二次会议。8月，在北京"世界文化名人雪舟等杨逝世四百五十周年纪念会"上作《雪舟及其艺术》学术报告，后全文发表于《人民日报》。10月，中国美术家协会南京分会筹委会成立，被推选为主任委员。

1957年2月，开始筹建江苏省国画院，傅抱石为主要负责人。5月至8月，率中国美术家代表团访问罗马尼亚、捷克斯洛伐克，作画50余幅，后出版写生画集两种。7月，《写山要法》一书出版，该书根据日本高岛北海原著《写山要诀》编译。8月，在北京"中国人民解放军建军三十周年纪念美术展览会"上，展出与亚明合作的军史画《大军南下，横渡黄泛区》。12月，所著《山水、人物技法》一书出版。

自1935年从日本回国后，傅抱石一直没有迈出过国门，20余年后来到欧洲，一切都感到非常新鲜。面对异域风情，开始思考如何用中国的笔墨表现外国的风景，并尝试在发挥中国工具材料和笔墨形式特长的前提下，充分表现外国山川的特色。傅抱石的这些努力为中国的画家开创了一条前人从来没有走过的道路，同时通过对国外风景的表现，使山水画在新题材的表现方面向前迈进了一大步。

在欧洲系列写生中，傅抱石为了突出欧洲风光的特色，一般都在画面中安排教堂、城堡以及尖顶或红瓦的建筑，并把国人认为不入画的电线杆、火车轨道等搬上了画面，应该说傅抱石的这一努力抓住了欧洲风景中的一些主要的特色。在表现上，傅抱石舍弃了国画中常用的构图方法，特别是在一些留白的处理方面不以国画中的奇险取胜，而是以一种比较平实和自然的画面处理，突出写生中的自然性，以此区别于那种人们所熟识的中国山水画的构图程式。《斯摩列尼兹宫》《将到西那亚火车中所见》《罗马尼亚风景》《捷克风景》均表现了一种新鲜的感受，与傅抱石同时期创作的山水画有明显的不同，但是又能一眼看出这些作品是出自中国画家之手。在国外100天的日子里，傅抱石共完成了49幅作品，其中在布拉格和布加勒斯特先后举办了观摩展览，为宣扬中国的绘画艺术作出了贡献。

1958年4月，《白石老人的艺术渊源》一文在《文汇报》发表。7月，所著的《中国的绘画》一书出版。12月，《傅抱石画集》出版，郭沫若先生作序并题签，其中包括自选的1942年至1957年间的作品《桐荫读画》《万竿烟雨》《兰亭图》《丽人行》《平沙落雁》《西风吹下红雨来》《暮韵》《强渡大渡河》等40幅；在北京举办"江苏省国画展"，展出新作《蝶恋花》《雨花台颂》。

1959年6月，"中国画展"在巴基斯坦卡拉奇开幕，展出山水画《春》《夏》《秋》《冬》及《罗马尼亚一车站》；到湖南长沙、韶山写生，后出版写生画集《韶山》，收入《韶山全图》《毛主席故居》组画。7月至9月，在北京与关山月合作，为人民大会堂绘制巨幅国画《江山如此多娇》，毛泽东亲为此作题词。10月，参加全国先进工作者群英大会。

1960年1月，《春到钟山》《水乡吟》《新松恨不高千尺》在南京展出。

3月，江苏省国画院正式成立，任院长；《中国古代山水画史的研究》一书出版。4月，中国美术家协会江苏分会正式成立，当选为主席。江苏省书法印章研究会成立，任副会长。8月，当选为中国美术家协会副主席，全国文联委员。9月，率江苏省国画家在国内6省十几个城市旅行写生，行程23000余里，创作出了许多优秀作品。后举办了画展，出版了《山河新貌》画集。

在长达3个月的旅行写生期间，这批生长于"草长莺飞"的江南画家相继走访了河南、陕西、四川、湖北、湖南、广东6个省的十几个大中城市，瞻仰了革命圣地，参观了祖国建设成就，游览了风景名胜，达到了"开眼界、扩胸襟、长知识和向兄弟省市画家们学习"的目的。而对于傅抱石来说，此行的最大收获就是确立了这样的观点——"思想变了，笔墨就不能不变"。23000余里的旅行写生，将20世纪50年代初开始的以写生带动传统国画推陈出新的运动推向了一个历史的高潮。在旅行写生之后，傅抱石以旅行写生中的题材创作了《待细把江山图画》《西陵峡》《黄河清》《枣园春色》等一批代表作品，这些作品后来和"国画工作团"中的其他画家的作品一起在"山河新貌画展"展出。此时，傅抱石在中国现代绘画史上的地位已经完全确立。

1961年2月，于《人民日报》发表论文《思想变了，笔墨就不能不变》。3月，于《人民日报》发表《白石老人的篆刻艺术——齐白石作品集·印谱序》。5月，"山河新貌画展"在北京举行，《待细把江山图画》《西陵峡》《黄河清》《枣园春色》《陕北风光》《红岩村》《山城雄姿》等名作展出。6月至9月，到我国东北地区旅行写生，作《镜泊飞泉》《天池林海》《林海雪原》《煤都壮观》《松花湖》等图，后出版写生画集。

1962年2月，《郑板桥集》前言《郑板桥试论》在《人民日报》发表。8月，在"南京市美术展览会"上展出《天池飞瀑》。10月，在"江苏省肖像画展览会"上展出《屈原》《杜甫》两幅作品。10月至次年4月，赴浙江休养、写生，后出版了《浙江写生画集》，收入了《新安江印象》《三潭印月》《虎跑》《九溪》《龙井初春》等作品。

1963年1月，与何香凝、潘天寿合作国画多幅。3月，为中国驻缅甸大使馆作大幅《华山图》。11月，回江西，访井冈山、瑞金等革命圣地，之后陆续创作了《黄洋界》《茨坪》《长征第一桥》《革命摇篮叶坪》等画作。

1964年1月作《井冈山》。3月，著文《在更新的道路上前进》。9月，当选为第三届全国人民代表大会代表，并出席大会。

1965年1月，"全国美展"华东地区作品在京展出，大幅《虎踞龙盘今胜昔》参加展览。

傅氏画论

中华民族美术的建设是在先负起时代的使命，而后始有美术的可言；是在造成统一的倾向，而后始有"广大""庄严""永远"的收获。

美术是民族文化最大的表白。若是这句话没有错误，我们闭眼想一想，再过几百年或几千年，有些什么东西，遗留给我们几百年几千年后的同胞？又有什么东西，表白现时代的民族文化？中华民族美术史上的这张白纸，我们要不要去写满它？这许多疑问，为中国美术，为中国文化，换句话，即是为民族，岂容轻轻放过！

美术家，是时代的先驱者，是民族文化运动的干员！他有与众不同的脑袋，他能引导大众接近固有的民族艺术。

——节选自《中华民族美术之展望和建设》，《文化建设》1935年第1卷第8期

中国绘画的精神，乃源于广大的国土和民族的思想，它最重要也是最

特殊的为世界各国所没有的一点，便是对作者"人品"的极端重视，这在三千年前的周代已发挥了鉴戒的力量，再从此出发，逐渐把画面的道德意识融化了作者个人，把画面所表现的看做作者人格的再现。因此，不管花卉也好，山水也好，工笔的也好，写意的也好，总而言之是点与"线"交织而成的心声。

——节选自《中国绘画在大时代》，《时事新报》1944 年 4 月 25 日

中国人的胸襟恢廓，我看和这山水画的发展具有密切的关系。大自然界所给予我们的教育是活的，伟大而无异议，而以南京为中心的江南山水，更足以洗涤身心。绘画思想上，写实和自然的适切配合，再根源于前期的传统，就非常灿烂地开辟了另一境界。

——节选自《中国绘画思想之进展》，1940 年

艺术风格

由于长期对真山真水的体察，画意深邃，章法新颖，善用浓墨、渲染等法，把水、墨、彩融于一体，达到蓊郁淋漓、气势磅礴的效果。在传统技法基础上，推陈出新，独树一帜，对新中国成立后的山水画创作起了继往开来的作用。其人物画，线条劲健，深得传神之妙。

傅抱石在艺术上崇尚革新，他的艺术创作以山水画成就最大。在日本期间研究日本绘画，在继承传统的同时，融会日本画技法，受蜀中山水气象磅礴的启发，进行艺术变革，以皮纸破笔绘山水，创独特皴法——抱石皴。他的人物画受顾恺之、陈洪绶的影响较大，但又能蜕变运用，自成一格。他笔下的人物形象大多出自古代文学名著，用笔洗练，注重气韵，达到了出神入化的效果。人物以形求神，刻意表现人物的内在气质，虽乱头粗服，却矜持恬静。傅抱石人物画的线条极为凝练，勾勒中强调速度、压

力和面积三要素的变化，不同于传统沿袭画谱的画法。他还把山水画的技法融合到自己的人物画之中，一改清代以来的人物画画风，显示出独特的个性。傅抱石是开宗立派的一代艺术大师。为了缅怀傅抱石同志，新余市人民在新余市建设路西端的龙虎山修建了占地面积 29.13 公顷的抱石公园，用以纪念这位新余籍的画家。

历史评价

国画大师傅抱石是位博大精深的学者，毕生著述 200 余万字，涉及文化的各方面。他对古典文学与艺术的研究是同步的，于文学中尤钟情于诗，历代佳作无不熟稔，并体现在他的画中。大致有三个重点：首先是傅抱石最崇仰的战国时代的爱国诗人屈原。傅抱石心仪其品德情操，同情屈子"抱石怀沙"自沉汨罗江的悲壮结局，所作《九歌》图早已蜚声遐迩。其次是石涛。傅抱石青年时期编著《石涛上人年谱》，从上人的生活到作品，考据精详，故在艺术上受其影响也最深，且以石涛诗入画，随手拈来即成佳品。最后作为重点中的重点，抱石先生取材最多的还是唐诗。唐诗在创作的当时就深入民间，及至今日，唐诗中的名篇依然家喻户晓。古代典籍中有关哲学、道德等的内容能在一定条件下保存，而政治、社会理论会随着时代变化而被人淡忘，只有诗的艺术魅力丝毫未减。画家取材唐诗有其普遍性的一面，然而傅抱石创作的唐人诗意画有不同一般的特殊性。

据诗立意

画家运用古诗有两种不同方式。一是以己意去凑古人的诗，譬如李白的《清平调》系借芍药写太真；或只画花，却把诗句全部抄上，其实画面离主题甚远。另一种是根据古人的诗立意，或从中汲取灵感，抓住其精神实质进行艺术再创造，无须题诗而诗意益然。抱石先生可称后者之典范，他的古人诗意画既有宏景巨制，又有小品点睛，虽在有些画中题上诗句，但不占重要位置，有时只写题目，有时仅题款，可是读者一目了然是哪首诗。臻此化境，绝非偶然。傅抱石所有的绘画作品都是转化为视觉形象的诗，他本身就具备诗人的气质。除了标明为诗意画的以外，凡写"胸中丘壑"或写生作品，都是撷取大自然蕴蓄的诗意。描写古人形象或其轶事，就是歌颂某一古人或吟咏某一场景的诗句。画的语言即诗的语言，画的意境即诗的意境，区别于一般所谓的"诗配画"，而是诗即是画，画即是诗。

傅抱石对古人从深切理解达到思想感情的共鸣。有人曾多次提到，先生"思接千载"（刘勰《文心雕龙》语）。屈原、李白、杜甫、石涛等古人，不仅是他研究的对象，还成了他的挚友。抱石先生以绝代天才与古人息息相通，使他笔下的人物不同于穿古装的现代演员而是真正的古人。

附：拓展资料 ◎

傅抱石先生的艺术与人生

1921 年，傅抱石以第一名免试升入省立第一师范。在踏上艺术道路的初始，傅抱石首先把用于谋生的刻字转移到了艺术状态的篆刻上，一本赵之谦的《二金蝶印谱》成了他最初的范本和教科书。他不断模仿使之习赵印章真伪难辨，连教他刻字的师傅也为之赞叹不已。从此，南昌城里不断有"赵之谦"的印章出现，好事者常常津津乐道，而傅抱石也多了一条养家的生路。省立一师的"印痴"成了南昌城里的知名人物。

在省立一师的这段时间，他不断地去旧书店，开始读一些古代画史画论方面的著作。当他读到记述石涛的《瞎尊者传》（陈鼎著）中的一句"我用我法"时，傅抱石茅塞顿开，并对石涛"搜尽奇峰打草稿"的思想欣赏不已。为了表达自己对石涛的情有独钟，他不仅刻制了"我用我法"

的印章，还开始用"抱石斋主人"作为自己的别号。他用很多时间去读史论著作，并开始研究画史画论中的一些具体问题，从顾恺之的《魏晋胜流画赞》到石涛的《苦瓜和尚画语录》，他都一一涉猎。1925 年，年仅 22 岁的傅抱石完成了他的第一部著作《国画源流述概》。

1926 年，傅抱石从省立一师毕业，并留校任教于附小。他又开始了《摹印学》的写作，把自己多年来治印的体会融于其中。显然，傅抱石对史论的兴趣，为他未来在绘画上的成就奠定了坚实的基础，成为他绘画艺术中的一个显著的特色。1929 年，傅抱石为编写教学讲义又完成了《中国绘画变迁史纲》一书。在这本书里，傅抱石提出了"研究中国绘画的三大要素——人品、学部、天才"，还提出了"提高中国绘画的价值"和"增进中国绘画对于世界贡献的动力及信仰"的思想，反映了他对中国艺术的一些独特的思考。

一个偶然的机会，傅抱石结识了中央大学艺术系教授徐悲鸿，在他的鼎力推荐下，傅抱石获得了公派赴日留学的机会。1933 年 3 月，傅抱石在上海登上了赴日本的轮船。

1935 年 5 月，"傅抱石中国画展览"在东京举行。院长正木直彦、画家横山大观等参观了展览。

1935 年 6 月，傅抱石因母病回国。1936 年 7 月，他在南昌举办了个人画展，这是他在国内第一次开个人画展。暑假之后，他应徐悲鸿之聘，任教于南京中央大学艺术系。

1937 年全面抗战爆发后，傅抱石应郭沫若之邀，于 1938 年进入国民革命委员会政治部第三厅工作，后随三厅撤至重庆。在重庆，傅抱石迎来了他艺术创作的第一个高峰。

1939 年 4 月，傅抱石携全家来到重庆，住在沙坪坝金刚坡，此后他常在画上题署"金刚坡下山斋"。

1942 年 6 月，傅抱石创作了《屈子行吟图》。画面上，面容憔悴、形容枯槁的屈原行走于浩渺的烟波上，似乎可以听到屈夫子惊天地、泣鬼神的吟咏，表达了"百代悲此人，所悲亦自己。中国决不亡，屈子芳无比"的主题。郭沫若称这幅画和历史剧《屈原》有异曲同工之妙，并为此画赋诗，成为一时的美谈。

　　1945 年 8 月 15 日，是中国近代史上的一个重要的日子。这一天，曾经蹂躏了中国人民 14 年的日本侵略者宣布投降。傅抱石举起酒杯，用他特有的方式庆祝抗战胜利。当年 10 月，他和全家离开了居住了近 7 年的重庆"金刚坡下山斋"，随中央大学迁回南京。

　　1949 年 11 月 26 日，文化部部长沈雁冰批准发布了《关于开展新年画工作的指示》，新中国从新年画工作中开始了改造旧美术的第一次运动。在当时，各画种的画家都在创作新年画，傅抱石也未能免俗。他也有心加入时代的艺术潮流，但是一幅用朱砂重彩表现海陆空三军的新年画，虽然歌颂了人民解放军，却失去了傅抱石自己的风格。为此傅抱石在很短的时间内重新审视自己在新社会的作为，寻求自己艺术的方向。

　　1957 年 5 月，傅抱石以新中国第一个美术家代表团团长的身份，率领其他画种的 5 名团员赴捷克斯洛伐克、罗马尼亚进行友好访问，并写生作画、举行画展，受到了两国艺术家的热烈欢迎。当中国艺术家到达布拉格的时候，罗马尼亚文化部负责人在接见代表团的时候，提出要求中国画家用自己的画笔表现他们国家的美丽景色。当傅抱石等到达捷克首都时，对方要求把这座位于多瑙河畔的美丽城市画下来，以便在当晚的电视台播放。主人用游艇把傅抱石等中国画家送到对岸，傅抱石在几台摄影机的镜头前选景、落墨，一切从容不迫，最后题上"一九五七年六月九日傅抱石"。这不仅是傅抱石第一次在异域写生作画，而且也是傅抱石平生第一次写生作画。

几乎是在"山河新貌画展"展出的同时，傅抱石在有关方面的安排下又得了一次去东北旅行写生的机会。从 1961 年 6 月到 9 月，傅抱石先后到长春、吉林、延边、长白山、哈尔滨、镜泊湖、沈阳、抚顺、鞍山、大连，然后渡海由青岛回到北京。傅抱石后来感叹这次旅行是"兹游奇绝冠平生"，可见这次旅行写生对傅抱石的影响。

傅抱石的东北旅行写生，将自然和社会两种题材的运用发挥到了极致。以《煤都壮观》为代表的社会性题材，在山水融合工业题材方面，已经昭示了现代山水画的一个符合时代潮流的发展规律。而以《镜泊飞泉》为代表的自然题材，则是北方山水在傅抱石心中留下的震撼的再现。应该说傅抱石是一位具有北方气质的南方画家，他嗜酒行为中的豪爽，助长了他用笔的奔放不羁。而以镜泊湖为代表的北方山水恰恰吻合了他的才情，所以他在画上题道："此情此景，我能忘乎，我能不画乎？"

从历史的角度看，傅抱石自欧洲写生至东北写生的过程，其意义已经超出了艺术自身的范畴。如果说欧洲写生表达的是一种新鲜的感受，那么23000 余里多省市旅行写生和东北写生则是一种主观的探索，是把已有的知识渗透到新鲜的感受之中，使那经过几十年磨炼的笔墨适时地在新的景致中得到淋漓尽致的发挥。

20 世纪 60 年代初，傅抱石的事业达到了新的高峰，同时他的生命也走向了低谷。1962 年，病痛使他夜不能寐、食不能咽。10 月，浙江有关方面安排他全家到杭州休养。然而在杭州的半年时间里，傅抱石并没有停止创作，从后来出版的《浙江写生集》中，我们可以看出他的勤奋。

1963 年，他专程赴井冈山、瑞金写生。革命圣地之行虽然短暂，但《井冈山》等一批作品的出现让人们理解了他此行的真正意义。从这批作品中，我们可以看出当时社会生活中的政治背景。

这一时期，傅抱石又集中创作了《冬云》《咏梅》《登庐山》等一系列毛泽东诗意画。与 20 世纪 50 年代相比，这些毛泽东诗意画已经失去了早期那种朴素的情感，一种装饰化的倾向反映了时代的变化。但是傅抱石在时代的感召下，以其不懈的努力和不间断的创作，使毛泽东诗意山水画在新山水画中获得了特殊的地位，新山水画也因毛泽东诗意画的表现而在国画中得到了少有的重视和广泛的影响。

1965 年 9 月 29 日，傅抱石因脑出血在家中辞世，享年 61 岁。

铸剑强军历苦辛：奋斗在国防航空一线的校友

江西历来是孕育和推动革新的地方，这片物华天宝的红土地不仅孕育了中国革命，孕育了人民军队，也孕育了国防航空事业。20世纪50年代，随着国家布局的69个军工及配套"小三线"项目陆续建成，江西成为我国重要的国防航空大省，新中国第一架飞机、第一架超声速喷气式飞机、第一架具有完全自主知识产权的军民用直升机、第一家兵工厂均诞生在赣都大地。江西不但为我国航空工业的发展作出了重要贡献，还涌现了一批像王弼、邓迈这样的国防航空先驱，为我国国防航空事业的发展和人才的培养都立下了不朽的功勋。

（一）我国国防航空事业的开拓历程

从意识觉醒到依赖国外，再到自主创新，我国国防航空发展史就是一部中华民族奋力崛起的历史，就是一代代国防航天人勇于开拓的历史。

1931年10月，历经生死考验的共产党人在江西兴国县官田村创办"中央军委兵工厂"，开启了中国共产党独立自主发展武器装备的序幕。新中国成立后，江西国防薪火相传、续写辉煌。1951年洪都机械厂的建立，开启了江西现代国防工业的崭新篇章。国防工业的蓬勃发展为我国航空航天事业的发展奠定了坚实基础。1951 年 4 月 17 日，中央人民政府人民革命军事委员会、中央人民政府政务院颁发《关于航空工业建设的决定》，新中国航空工业由此开启了蓝天追梦之旅。1954 年 7 月 3 日，新中国制造的第一架飞机初教 –5 在江西南昌飞机厂飞上蓝天。1958 年，我国试制的第一架直升机直 –5 首飞成功。1966 年，我国试制的两倍声速歼击机歼 –7 首飞成功。1969 年，我国第一架自行设计的高空高速歼击机歼 –8 首飞成功……70 多年来，我国国防航空事业从无到有，从小到大，从弱到强，连续创造出多个"第一"。如此突飞猛进的发展得益于有一大批像钱学森、王弼、邓迈这样为国防航空事业默默耕耘和奉献的"孺子牛"。①

我国国防航空事业的发展离不开教育的支撑。我国航天教育事业的起步可以追溯到 20 世纪 30 年代。1930 年，中央大学在机械系设飞机工程选修课；1934 年清华大学与航空委员会合作开设航空讲座；1939 年前后，中央大学、北洋大学和交通大学相继成立了航空工程系；随后，浙江大学、厦门大学、云南大学、四川大学和西北工学院都设立了航空工程系。1944 年，中央工业专科学校也设置了航空机械专修科。1935 年中央大学创办的机械特别班和 1936 年航空机械学校创办的高级机械班都开设了培养航空工程研究生的课程。1939 年，清华大学研究生院工科研究所正式招收航空工程研究生。中华人民共和国成立后，随着航空航天事业的发展，航空航天教育也有了很大的进展。中国已经建立了由高等教育、中等专业教育、技工教育和职工教育组成的比较完整的航空航天教育体系，仅航空工业部和航天工业部直属的高等院校就有 7 所，培养大学本科生和研究生，有 29

---

① 环球网：《砥砺奋进七十载　阔步迈向新征程：党领导新中国航空事业发展 70 年》，https：//mil. huanqiu. com/article/42l18afX6L2。

个科研单位也培养研究生；此外，还有几十所中等专业学校、技工学校和职工大学培养工程技术人员、生产科研管理人员和技术工人；在正规学校之外还兴办了函授、刊授和电视等教育。

改革开放和社会主义现代化建设时期，我国航空教育事业的发展突飞猛进，培养了大批国防航空人才，为我国国防事业的发展打下了坚实的人才基础。

我国国防航空事业从充满硝烟战火的革命年代走来，从一穷二白到人才济济，从以苏为师到自主培养，一路虽历经艰难坎坷，但硕果累累，这一切都离不开一代代国防航空先驱们的辛勤付出。

（二）奋斗在国防航空事业一线的校友

1. 航空事业的开拓者

王弼（1899—1977），字更生，曾用名王启辅、贺铎夫，永修县人。1919 年至 1923 年就读于江西省立第一师范学校。他早年参加革命、留学苏联，曾任东北民主联军航空学校政委、中国人民解放军空军司令部副政委兼工程部部长、中国人民解放军空军副司令员、重工业部航空工业局第一副局长兼总工程师，是建设人民空军的元勋和新中国航空事业的奠基人、开拓者。

王弼

1919 年，王弼考入江西省立第一师范学校。五四运动席卷南昌时，王弼与张朝燮、王环心、王经燕等人组织反帝爱国讲演团与永修教育改造团。

1923 年，王弼从江西省立一师毕业后回涂家埠含英小学当教员。1925 年 1 月由王环心介绍加入社会主义青年团，在团组织的领导下，王弼在涂家埠搬运工人、铁路工人、店员和作坊工人中开办工人夜校、平民夜校，进行革命启蒙教育。

1925 年 6 月，王弼由赵醒侬、张朝燮介绍在南昌加入了中国共产党。同年 10 月，江西党组织选送王弼等 13 名同志赴苏联莫斯科中山大学学习。1927 年，大革命失败，中共决定让留苏学习的同志转学军事，王弼遂选学空军，进入列宁格勒空军航校学习航空机务工程。

1929 年 9 月，王弼被分配到哈尔科夫苏联空军二十纵队一大队二中队工作，历任少尉、上尉机械师和准校工程师。1932 年 1 月，入列宁格勒空军地勤学校工程师训练班进修，后分配到伏罗希洛夫格勒空军飞行学校修理厂任副科长和少校总检验师。第二年 9 月，考入莫斯科茹科夫斯基空军学院，在工程系攻读飞机发动机设计和制造工程。王弼十分珍惜学习机会，他立志要利用所学回国建设我们自己的空军，他常常对中国同学说："我们现在有这样的学习机会，一定要倍加珍惜，好好学习，以便将来建设自己的空军。"

抗日战争爆发后，中共中央驻共产国际代表团同意了王弼回国参战的请求。1938 年 9 月，王弼抵达新疆迪化（今乌鲁木齐）。根据党中央的指示，王弼留在新疆，利用新疆督办盛世才的航空设备和当时国共合作的局面，培养了中国共产党第一批航空人才。

1939 年初，中共驻新疆办事处在新兵营中开办航空教员训练班，王弼任党支部书记兼航空理论教员，讲授航空发动机原理。为此，他还特地编写和翻译了部分航空理论教材，他编译的《航空发动机原理》成为后来东北航校的教材。

1940年，新疆政治形势发生变化，中共中央调王弼、常乾坤等回延安。他们抵达延安后，于11月23日向中央呈报了建设空军兵种的计划，提出："首先要培养大批航空干部，还要有制造飞机的干部。"这是中国共产党、中国人民解放军历史上，由自己的航空技术专家，为中央提供的第一份比较全面、系统、翔实的空军兵种建设计划。毛泽东、朱德亲自接见了他们，并就组建工程学校的问题作了指示。毛泽东在接见王弼时曾风趣地对他说："我国历史上也有个王弼，和你同名同姓，他是个文人，你是个武将。你这个武的要争取胜过学文的。"

1941年1月，党中央批准成立军委航空学校，对外称"第十八集团军工程学校"，王弼任校长。后来学校并入抗日军政大学三分校一大队俄文队和工程队，王弼则改任抗大三分校训练部工程科主任。1943年3月，王弼与杨光结婚，毛泽东亲送赠词表示祝贺："没有什么困难，可以阻碍人们前进的，只要奋斗，加以坚持，困难就赶跑了。"

1943年11月，王弼任中央军委作战局空军组组长。第二年春，党中央决定扩建延安飞机场，王弼兼任机场建筑工程处处长。当时由于缺乏专业人员，加上物质条件极端匮乏，既无水泥，又无机械设备，扩建工作困难重重。王弼便挖掘现有工程技术力量，组成设计施工队伍，以最快的速度建成宽30米、长2000多米的砂石跑道，为毛泽东赴重庆和平谈判和接受敌伪来降的飞机创造了条件。

抗战胜利后，王弼奉命率航空干部队伍赶赴东北接收航空人员，收集航空器材，建立航空基地，创办航空学校。1946年3月1日，我军第一所正规航空学校"东北民主联军航空学校"在通化诞生，王弼任政委。当时国民党反动派已撕破和平的假面具，大举进攻东北，形势异常紧张。为寻找合适的航校基地，王弼发动全校师生分头深入东北各地考察，并收集飞机和航空器材。

王弼创办了中共首所航空学校——东北航校，当时大多数的飞机都是东拼西凑组装起来的

从 1945 年底至 1946 年 5 月，王弼带人走遍了东北三省的 30 余座城市的 70 多个机场，共收集到各类飞机 120 余架、发动机 200 余台、仪表 200 多箱、油料数百桶，以及其他一些航空器材和医药用品。在地方政府的支援下，他们动员了大批民工用牛马大车将这些"庞然大物"运到目的地，为航校的创办打下了物质基础。王弼还建立了修理厂，修复了数十架飞机。至 1948 年，航校已有各种修好和待修的日式飞机 93 架，能用的发动机 193 台，以及一批可供使用的航空仪器附件和设备，为进行飞行训练创造了条件。

王弼非常重视教育，尊重科学。建校不久，他参与制定了人民空军基础教育方针，成立航校机械技术研究会，亲自编写《航空发动机学》，并担任技术课教员，领导编辑 31 种教材，在探索培养航校技术人才的训练方法上闯出了一条新路。在训练中，航校接收的日本在东北残留的一批汽油将用完，当时解放区还不能生产汽油，王弼秘密去苏联收集汽油，亦未能成功。有人说，日本人在太平洋战争中曾进行过以酒精代替汽油的试验，但未成功。王弼等决定大胆试验，在采取加强保温、加大燃料喷嘴等措施取得了确实的数据后，用酒精代替汽油作飞机燃料的试验终于获得成功。

从 1949 年 7 月开始，王弼参加人民空军的组建工作，成为新中国空军的创始人之一。新中国成立前夕，王弼受命同刘亚楼等人去苏联商谈建立空军事宜。回国后，他参与指挥开国大典空军阅兵飞行活动。1949 年 11 月 11 日，中国人民解放军空军诞生，王弼任空军司令部副政委兼工程部部长；1951 年 6 月，改任空军副司令员，同年 12 月又参加主持空军第一至第七航校组建工作。他主持了向苏联订购航空器材订货单的修订工作，将订货单编成有中俄文对照的货单，抓紧进口必要的航空工业器材，及时满足了抗美援朝的需要。他还亲自抓航空工程机务的技术组织条例建设，保证了训练与作战的顺利进行。在他的努力下，全国逐步建立了航空修理网，并进一步为建立航空工业打下了基础。

1952 年 1 月，为了填补我国航空工业的空白，中央决定在重工业部成立航空工业局，王弼任第一副局长兼总工程师（局长由重工业部部长李富春兼任）。转至航空工业战线后，王弼分工负责航空教育工作，先后创办北京、沈阳、哈尔滨、南昌、西安、株洲、成都等地的航空工业专科学校和技工学校。20 世纪 50 年代初，王弼在苏联专家协助下，组织成立了飞机、发动机、仪表、航空材料、航空元件等一批设计所或研究所。1956 年，国务院成立科学规划委员会，下设航空组，王弼任副组长。1962 年，他向中央呈报《关于调整国防工业科研设计体制的意见和建议》，提出科研必须与生产密切结合的建议。1964 年，他创建中国航空学会。1976 年 3 月，他向毛泽东、叶剑英提出"加强技术力量，组织生产高速、高质量歼击机"建议，以缩小中国歼击机与国际水平的差距。

1977 年 8 月 31 日，王弼因病医治无效在北京逝世，享年 78 岁。

王弼是新中国空军的创始人之一，也是中共党内第一位航空工程专家，对人民空军的创建与新中国的航空事业作出了杰出的贡献。1986 年 8 月 10 日，《人民日报》发表题为《革命家·航空技术专家·教育家——忆王弼同志》的纪念文章，称王弼是"我党不可多得的几位航空技术老专家之一，同时是一位大公无私，不断追求进步、变革，力求我国繁荣昌盛的无产阶级革命家"。

2. 国防科技事业的开拓者

邓迈（1919—2011），江西南昌人。1934 年至 1937 年就读于江西省立南昌乡村师范学校。抗日战争初期参加新四军，战争年代曾参加过黄桥决战、孟良崮战役、淮海战役、渡江战役、解放上海战役，新中国成立后曾担任二十基地、二十一基地（中国核试验基地）领导工作，为中国国防科技事业作出过重要贡献。

邓迈

1934 年，邓迈考入江西省立南昌乡村师范学校（原名江西省立乡村师范学校），1937 年毕业。

1937 年 11 月，邓迈参加新四军，1938 年 6 月加入中国共产党。抗日战争和解放战争时期，他历任闽浙赣抗日义勇军二支队宣传员，新四军一支队政治部干事，一支队江抗二团组织股长、营政治委员，新四军苏纵政治部秘书，新四军苏中军区特务营政治委员，新四军军部特务团总支书记，新四军第七师支队政治部组织科科长、独立大队政治教导员、江全独立大队副政治委员、七师六十一团政治处主任，华东四纵二十九团政治处主任、团副政治委员、三十团政治委员，二十三军六十九师二〇五团政治委员。1938 年至 1940 年，他曾指挥所属部队在苏南的句容、丹阳、常州、无锡、江阴、常熟、溧阳、溧水等地区，参加了对日伪军的反"扫荡"战斗，攻占、攻击日伪军据点的战斗；1940 年至 1942 年在苏北的泰州、东台、盐城等地区，参加了黄桥决战，参加了在盐城的对日军的反"扫荡"战斗，参加了淮河的陈道口战斗；1942 年至 1945 年在安徽的含山、和县、全椒、江浦等地区，参加了对日伪军的反"扫荡"战斗，攻占、攻击日伪军据点的战斗；1946 至 1949 年在山东、河南、江苏、浙江、上海等地区参加了鲁南、孟良崮、诸城的战斗，参加了豫东战役，参加了淮海、渡江、解放上海等战役战斗。他冲锋陷阵，舍生忘死，机智果敢，正确指挥，浴血奋战，英勇杀敌，经历了血与火、生与死的考验，为民族独立和人民解放建立了不朽功勋。

新中国成立后，邓迈全身心投入军事院校教学和管理工作，曾任华东军大三总队十一团政治委员、六总队政治委员，第二高级步校二大队政治委员，总高级步校战术教授会副主任，为培养大批军事指挥人才发挥了积极作用，作出了突出贡献。

1957 年，邓迈被授予上校军衔，后又晋升为大校军衔。

1957 年，邓迈被授予二级独立自由勋章、二级解放勋章。

1960 年，邓迈坚决服从组织决定，毅然走进大漠戈壁，在二十基地、二十一基地（中国核试验基地）奋斗了 20 多个春秋，历任第二十训练基地工程部政治委员、基地政治部副主任，任第二十一训练基地政治委员。作为核试验基地的主要领导，他参与组织了多次核试验任务，为我国国防科技事业作出了重要贡献。邓迈同志具有坚定的共产主义理想，对党的事业坚贞不渝。他长期从事军队政治工作，始终坚持勤奋学习，刻苦钻研，具有深厚的政治理论功底和丰富的政治工作经验。特别是在任二十一基地政治委员期间，他始终以强烈的革命事业心和政治责任感，保持着旺盛的精力；坚持以科研试验为中心，勤奋工作，任劳任怨，夜以继日，呕心沥血，带领基地圆满完成了多次核试验任务，推动了基地的全面建设水平稳步提升，展现了高超的政治智慧和卓越的领导才能。

1982年，邓迈以正军职离职休养。

1988年，邓迈被授予独立功勋荣誉章。

2011年4月29日，邓迈因病去世，终年92岁。

在几十年的革命生涯中，邓迈始终忠于党、忠于祖国、忠于人民，经受了长期革命斗争的考验。他把毕生精力无私地奉献给了我国的民族独立、人民解放事业和军事院校教学管理、国防科技事业。

附：拓展资料 ◎

近代中国航空先驱

清朝末年至民国初期，是中国社会大变革的时期，也是中国航空事业的孕育时期。从清朝咸丰五年（1855）起，西方关于气球、飞艇和飞机等方面的航空知识陆续传到我国。美国莱特兄弟1903年发明飞机后不久，一些外国人曾携带飞机来华作飞行表演，激发了中国人对航空的兴趣。从此，一些有远见卓识的中国人，也相继投身于航空器的研究工作，其中出现了不少航空设计师和飞行家，为中国近代航空事业的发展作出了贡献。这些航空先驱者中，较具代表性的当数华蘅芳、谢缵泰、秦国镛、冯如。

（1）研制氢气球的数学家——华蘅芳。

华蘅芳（1833—1902），字若汀，江苏无锡人，近代中国著名数学家和自然科学家。1862年，他同另一位科学先驱徐寿一起从事机械制作的研究，合作制成蒸汽机；1866 年，又合作制成了我国第一艘轮船"黄鹄"号。他之所以扬名中国早期航空界，是因其制造了中国第一个氢气球。

华蘅芳早年在安庆曾国藩军中办过洋务新政，在上海江南制造局从事过翻译工作，翻译了数学和科技方面的书籍，对数学和机械制造颇有研究。

华蘅芳

清朝光绪十三年（1887），华蘅芳在天津武备学堂任数学教员。当时学堂购买了一只中法战争期间法军用于军事瞭望的废氢气球，请德国教习修复，以供学生学习和掌握制作氢气球，但久修未果。于是，华蘅芳便自行设计了一只直径 5 尺（约 1.67 米）的气球，并自制氢气灌入球中，放飞成功。这是中国人自制的第一只氢气球。此后，清政府曾从日本买了两只侦察气球，还在陆军中相继成立了 3 个气球队，进行侦察演习，开了在中国军队中用氢气球的先河。

（2）中国飞艇设计第一人——谢缵泰。

谢缵泰

谢缵泰（1872—1937），字重安，号康如，广东开平人，生于澳大利亚悉尼，定居香港，其母是旅居大洋洲的第一位中国妇女。从青年时期起，他就擅长数学，是中国航空先驱、飞艇设计家。

西方研制飞艇成功的消息传到香港后，引起了谢缵泰研究飞艇的兴趣。他从 1894 年开始研制飞艇，直至 1899 年才设计出"中国号"飞艇。

这艘飞艇主要由气囊、艇身和动力装置组

成。艇身悬挂在气囊下，主要由铝制造，其上装有电动机带动的螺旋桨，驱动飞艇前进。设计完成后，谢缵泰想把"中国号"飞艇的设计图纸献给当时的清朝政府，由清政府来建造，但遭冷遇，从而断送了中国发展飞艇的大好前景。他不得已才把"中国号"飞艇的设计图纸和说明书寄给了英国的飞艇研究家，获得很高的评价。他设计的飞艇虽未制造和使用，却为中国飞艇事业的发展开拓了前进之路。

（3）民国空军创始人——秦国镛。

秦国镛（1876—1940），湖北咸丰人。1901年公派出国留学，先后就读于巴黎陆军大学和比利时航空学院，1905年应召回国任陆军部参事。秦国镛受西方先进科学思想的影响，深感要巩固国防，与列强抗衡，必须建立本国空军。

1912年，他提出购置飞机、开办航空学校的建议。1913年中国第一所航空学校——南苑航空学校成立，秦国镛为第一任校长。他亲自驾机试飞，成为第一个在国内驾机升空的中国

秦国镛

人。该校培养飞行员83名，以他们为基础组成中国第一支航空队，秦国镛实为民国空军创始人。

1919年7月7日，秦国镛率机轰击紫禁城，震慑复辟势力。之后，秦国镛第一个驾机飞越秦岭，创中国远航之先声。1920年春，南苑航空学校划归航空处管辖，改组为航空教练所。秦国镛回陆军部，升陆军中将。

值得一提的是，秦国镛的次子秦家柱受父亲鼓励，投笔从戎，抗日报国。1937年8月14日，在同日寇的空战中，秦家柱与高志航一道首创歼灭敌机的纪录，成为我国第一个空中击落敌机的飞行员。国民政府把这一天定为"航空节"。

8月18日在出击日舰"出云号"时，秦家柱壮烈牺牲，年仅26岁。噩耗传来，秦国镛一病不起，1940年病故。父子忠烈，举国赞颂。

（4）中国航空之父——冯如。

冯如（1883—1912），广东恩平人，12岁随父到美国谋生，6年后到纽约攻读机器制造专业，掌握了广博的机械制造知识。1903年，当得知美国莱特兄弟发明了飞机后，冯如决心研制飞机。在当地华侨赞助下，他于1907年在奥克兰创立了飞机制造厂。

冯如

1909年，"冯如一号"首飞成功。1910年，冯如又研制了"冯如二号"。当年10月至12月，他驾驶"冯如二号"在奥克兰进行飞行表演，大获成功。

1911年2月，冯如谢绝美国多方聘任，和他的助手朱竹泉、朱兆槐和司徒璧如一起，携带自制的两架飞机及制造设备回到祖国。辛亥革命后，冯如被广东革命军政府委任为飞行队长。

1912年8月25日，冯如驾驶自制飞机在广州燕塘飞行表演中不幸失事牺牲，年仅29岁。在冯如蒙难处召开的追悼大会上，文学家何淡如的挽联道出了众人心声：

殉社会者则甚易，殉工艺者则尤难，一霎坠飞机，青冢那堪埋伟士；
论事之成固可嘉，论事之败亦可喜，千秋留实学，黄花又见泣秋风。

冯如把航空事业和航空救国紧紧相连，他的一段自白永远激励着后人："日俄战争大不利于中国，当此竞争时代，飞机为军事上万不可缺之物……军用利器莫飞机若，誓必身为之倡，成一绝艺，以归飨祖国。"

冯如逝世后被追授为陆军少将，被尊为"中国首创飞行大家"。当今中国航空界也以"冯如一号"首飞成功的 1909 年为中国航空元年。2009 年是中国航空百年暨新中国空军建军 60 周年，在 5 月 25 日的纪念大会上，时任空军司令员许其亮称冯如为"中国航空之父"。

豫章师范学院百年校史十讲

参考文献

一、期刊报纸类

[1] 习近平:《习近平在视察南京军区机关时强调 贯彻全军政治工作会议精神 扎实推进依法治军从严治军》,《科技日报》2014年12月16日。

[2] 习近平:《习近平在庆祝中国共产党成立95周年大会上的讲话》,《人民日报》2016年7月4日。

[3] 习近平:《用好红色资源,传承好红色基因,把红色江山世世代代传下去》,《求是》2021年第10期。

[4] 马祖云:《共产党人的"特长"》,《人民日报》2019年12月3日。

二、著作类

[1] 五卅运动编写组:《五卅运动》,上海人民出版社1976年版。

[2] 中共江西省委党史研究室:《中共江西地方史(第一卷)》,江西人民出版社2002年版。

[3] 殷育文:《冯任纪念文集》,中央文献出版社1997年版。

［4］中央档案馆、江西省档案馆编：《江西革命历史文件汇集·一九二九年（二）》，1992内部版。

［5］江西省科学技术协会：《著名数学家曾炯博士纪念文集》，江西科学技术出版社1993年版。

［6］《科学家传记大辞典》编辑组：《中国现代科学家传记》（第一集），科学出版社1991年版。

三、学位论文类

［1］邓一兰：《新民主主义革命时期江西学生运动研究》，江西师范大学硕士学位论文，2023年。

四、网络资料类

［1］《习近平在中国人民大学考察时强调　坚持党的领导传承红色基因扎根中国大地　走出一条建设中国特色世界一流大学新路》，http：//politics.people.com.cn/n1/2022/0425/c1024−32408556.html。

［2］环球网：《砥砺奋进七十载　阔步迈向新征程：党领导新中国航空事业发展70年》，https：//mil.huanqiu.com/article/42l18afX6L2。

后 记

习近平总书记说："一切向前走，都不能忘记走过的路；走得再远、走到再光辉的未来，也不能忘记走过的过去，不能忘记为什么出发。"豫章师范学院是一所具有 100 多年办学历史的老牌师范院校，学校 100 多年的发展史就是历代先贤矢志不渝守初心、执着坚定担使命、坚持不懈育良师的奋斗史，百余年的校史蕴藏着强大的精神文化力量和得天独厚的红色基因，承载了厚重的时代育人价值。

豫章师范学院党委高度重视对百年校史的挖掘与利用。我们希望，通过编撰本书努力讲好校友故事，帮助青年大学生更深入了解豫章师范学院这所充满红色记忆的百年学府，更深入了解我们的党史和党领导下的师范教育发展史，以生动鲜活的校友故事感染当代学子，实现红色文化润物无声、铸魂育人。

本书的成稿得益于团队分工协作。其中，段建斌撰写前言、第一讲、后记及负责全书统稿，游青明撰写第二讲，周海燕撰写第三讲，欧晓彦撰写第四讲，吴智勇撰写第五讲，熊艳撰写第六讲，卢文娟撰写第七讲，潘恬恬撰写第八讲，李长平撰写第九讲，周文斌撰写第十讲。罗洁馨负责全书文字编校工作。

本书得以顺利出版，还要特别感谢江西人民出版社副总编辑王一木、责任编辑饶芬的专业指导和辛苦付出。本书在编写过程中参考了豫章师范学院校史档案以及借鉴引用了一些学者的著述史料，在此一并致谢！由于编写团队的水平和能力有限，加上对一些史料掌握得可能不尽全面，对书中不足和遗漏之处，敬请广大读者批评指正，以便本书下一步修订完善。

编者

2024 年 6 月 25 日